入社1年目からの

仕事の流儀

柴田励司 Reiji Shibata

大和書房

はじめに　「こいつを育てたい」と思わせる存在になるには

どこにいてどんな仕事をしていても、社会人としてうまくやっていける人には、ある共通点があります。

「彼、彼女はいいね」と周りから思われる人は、能力や学歴、ましてや仕事のスキルなど全く関係しないところで非常に得をしていることが多いのです。

これらは社会人になって最初の3年の過ごし方で習得した人間的な魅力です。この魅力、その後の社会人としての40年に大きな影響を与えます。それだけ社会人人生に影響を与える要素なのですが、実はこれ、最初の1年間で大部分が決まると言っても過言ではありません。

学生時代どんなに活躍していたとしても、その延長線上に社会人としての成功があるわけではありません。社会人として活躍するための流儀を知らないと、どこに入社しても「こんなはずじゃなかった。この会社は自分のことをわかってくれない！」

と、転職を繰り返すことになります。

逆に、どんなに地味な学生時代だったとしても問題ありません。**社会人として成長する流儀をおさえておけば、社会人人生がこれまでとは異なる展開になるのです。**

私が外資系コンサルティングファームやカルチュア・コンビニエンス・クラブ（以後ＣＣＣ）など業種業態も違う、さまざまな会社の代表取締役社長やＣＯＯという役割を担う中での気づきです。

仕事の流儀とは

仕事の流儀とは何を指すのでしょうか。

流儀という言葉には「やり方」という意味があります。方法を見つけて実行するという意味です。さらに転じて、「その人や流派の持つ独特の手法」といった意味もあります。仕事の流儀とは、あなたによるあなたにしかできない仕事のやり方であり、その結果であるといえます。入社1年目からの仕事の流儀とは、あなたがこれから先の社会で生きていくために、どこに行っても通用するための力をつけるものを指しています。

社会人として活躍できる仕事の流儀はどのようにして身に付けるのか。難しいものではありません。

どんな経験をしたか。誰と働いたか。この2つの要素が人の成長を左右します。しかし、どんな経験ができるか、誰と働けるかは自分の思い通りにならないもの。周囲の先輩、上司が「こいつにやらせよう」と思ってくれないと始まりません。私はそういう意味で大変ラッキーでした。

といっても、**自分にとってラッキーと思える境遇は偶然降ってくるのではなく、本人次第。**この本でお話しする「仕事の流儀」を意識して行動できればコントロール可能なものなのです。

私は現在でこそ、経営コンサルティングや人材育成事業、通販やメディアとコミュニティを融合させた事業などを行ういくつかの会社の経営をしていますが、社会人1年目を過ごしたのは京王プラザホテルの現場でした。

主としてやっていたのは宴会場のウエイター業務です。休みは不規則。毎日出勤時間が異なり、残業も当たり前。月平均70時間程度残業していました。朝5時出勤が命じられたときには、前日から泊まり込みになります。土日は昼、夜と食事時に結婚披露宴を担当していたので、一日中、食事をとることなく働いていました。労働環境的には今ならブラックと呼ばれそうな厳しい状況だったかもしれません。

しかし、この1年の経験がその後の社会人人生に大変活きているのです。ホテルという非日常的な空間で過ごす時間に高いお金を払っていらっしゃるゲストへの接し方、ほんのちょっとした気の緩みがクレームにつながる緊張感、はたまた学歴、年齢、雇用形態が様々な集団の中での働き方。毎日が刺激的でした。

とくに、宴会場を短い時間で模様替えして次の宴会に備えることが頻発していたので、段取りの大切さを心底学びました。仕事は段取りで決まるもの。このとき実感したことが、その後何度も自分を助けてくれる糧となったのです。

その後、社会人2年目の11か月目から縁あって在オランダの日本大使館に出向して働くことになります。これが人生初のデスクワークでした。ここで私が作成した資料、文章に当時の駐オランダ公使から徹底的に赤ペンをいれてもらったのも今につながっています。

ホテルや大使館で多くの先輩・上司たちは、私にいろいろな経験をさせてくれました。今から思うにこれが非常にラッキーでした。

まず目指すべきことは「こいつを育てたい！」と周りから思わせる存在になること。それに尽きます。「こいつを育てたい！」と思われるようになると、想定外も含めていろいろな機会に遭遇することになります。それが、あなたを成長させるのです。

例を挙げると、私がCEOを務めるパス株式会社（東証マザーズ）にS君という社会人2年目の社員がいます。S君は新卒でｇｉｆｔという会社に入社。ｇｉｆｔは女性誌『DRESS』を発行する出版社でした。彼が就職活動中、ｇｉｆｔの親会社は幻冬舎さんでしたが、彼が入社する3か月前にパス社が親会社に変わりました。パス社が幻冬舎さんからｇｉｆｔ社の株式を買ったのです。

ところが彼が入社して数か月でｇｉｆｔ社は経営に行き詰まります。雑誌事業が立ち行かなくなったからです。そこで会社の代表取締役会長となった私が決めたことはｇｉｆｔ社を閉鎖することでした。これにより他のｇｉｆｔ社の将来性あるコミュニティ事業部を救いたかったのです。

この意思決定により、彼は入社1年目で会社の閉鎖という修羅場を経験することになります。

その後、S君ほか数名はパス社に移籍。現在はパスの成長事業であるコミュニテイサービス事業で主担当の一人として活躍してくれています。彼が担当しているのは会員2万7千人（2016年5月現在）が参加するDRESS部の企画、運営です。周囲はもちろん全員年上。9割が女性。しかし、彼は臆することなく仕事をしています。その顔つきは社会人2年目とは思えません。

パス社で半年間武者修行をした社会人1年目の若者もいます。

彼は誰もが知る大企業に入社した逸材です。私がこの企業の人材開発面のアドバイザーをしていたこともあり、彼の成長を加速させるために半年お預かりしました。彼にはEC（電子商取引）事業の責任者という役割を担ってもらうほか、ベンチャー企業らしく日々発生する課題にも対応してもらいました。さらには私の〝カバン持ち〟として補佐をしてもらいました。補佐として動く日は私が参加する主要な会議、取締役会、外部講演に全て陪席するのです。

私が会議の中でどのような発言をしているか、どのように講演をこなすか、これらを間近で見てもらいました。カバン持ち体験日には「気づきメモ」を毎日提出してもらっていましたが、彼がこれまで体験したことのない世界に触れたくさんの経験を彼なりに（勘違いも含めて）吸収しています。

この二人はラッキーです。もちろん、冒頭のS君のように自分が勤める会社がなくなってしまうのは決して良いことではないでしょう。しかし、会社とは潰れるものであるという実体験をしたことは、マイナスをプラスに変える経験という意味でも彼の今後の社会人人生に間違いなくプラスに働くはずです。武者修行に来ていた彼も、会社のトップの目線をすぐ隣で垣間見ることができたのは今後に必ず役立つでしょう。

仕事の流儀が身に付く「3つのこと」

どうすれば「こいつを育てたい！」と思われるようになるのか。どうすれば、あとから考えてラッキーだったと思えるような状況に自分を置くことができるのか。

ポイントは3つです。

まずは「足手まといである」こと。私が社会人1年目に宴会サービスに配属された直後は明らかに「足手まとい」でした。何をすればいいのか、どう動けばいいのか。考えれば考えるほど失敗ばかり。先輩からは「口を動かす前に動け。口が達者でも動けてないから邪魔。足手まといだ」と直球で言われました。

ウエイターをしているときには、料理を出した帰りに手ぶらでパントリー（宴会場の隣の配膳場所）に戻ってしまい〝けつキック〟をされました。「手ぶらで戻るな！　二度手間になるだろ！」。

まったくその通り。

持ち回りという大きなお皿に盛りつけされている料理をサーバースプーンとフォークでゲストのお皿に取り分けることも時間がかかるわ、下手だわ、最悪。先輩からは「何やってんだ。料理がだいなしだろ！」。

おっしゃる通り。

もう勤務時間外に〝闇練〟するしかありません。会社からサーバースプーンとフォークを貸してもらい、自宅でマッチ棒をとる練習をしました。休みの日には他のホテルに見学です。それでも「足手まとい」と言われなくなるまで3か月くらいかかりました。

ホテルが特殊なのではありません。何の仕事でも同じ。**学生から社会人の集団に入った直後は誰でも何もできないのがデフォルトなのです。**それをネガティブに捉えて落ち込んでも仕方ない。

私がその後、京王プラザホテルで採用担当をしたときには、ある1年目の女性社員からこんなふうに言われました。

「柴田さんでも最初は宴会サービスに配属されて、何もできなかったんですね」

彼女は大学でホテル学などを学び、夢を描いて入社したのに配属がウエイトレスということに失望していたのです。たしかに表面しか見なければ「バイトと変わらない」と思ってしまいます。ですが、本当はそこで学べることはとても奥が深い。そのことにようやく気づいたときに「柴田さんでも〜」と思ったというわけです。

最初はみんなゼロどころかマイナスからのスタート。そのことに落胆ではなく

「そんなものだ」という意識で向き合い、まずは「足手まとい」を脱することからすればいいだけです。

その次に目指す二つ目は**「チャーミングである」こと**。仕事はまだまだでも人間として「いいやつだな」と思われるかどうか。人間的に魅力がないと人は寄ってきません。

上司や先輩、取引先の関係者もやはり〝人間〟なのです。どれだけスペックが高いメンバーがいても感情や印象としてマイナス要素が多いと、仕事をするうえでの評価は下がってしまいます。

そのあとで、3つ目のポイントとして、何でもいいので上司、先輩、同僚から**「役に立っている」存在になること**です。

役立つ、と言われると構えてしまう人もいるかもしれませんが、そんなに大したことをしなくても大丈夫。たとえば、遅刻も絶対しないし朝に強いというだけでも

「朝イチの用件を安心して任せられるから助かる」という具合に「役に立てる」のですから。

これらを意識的に実践していくことで「こいつを育てたい！」と考える先輩や上司が増え、いろんなチャンスが与えられ、結果的にいろんな経験ができ、どこでも通用する仕事の流儀が身に付くのです。

仕事の流儀が一度身に付けば、これから先ずっとあなたの社会人人生をいい方向に引っ張ってくれるもの。

それぐらい大事なものなのに、なぜか具体的に教えてくれる人がいない。そのために、自分に何が足りないのかわからずモヤモヤしている。そんな若手社会人のためにこの本を書きました。

ただやたらに頑張るだけでは消耗してしまうし評価もされにくい。そんな時代に、まず何をすればいいのか。本書を読み進めるうちに「なんだ、これをすればいいだけか」と気持ちが楽になり、実践する中で周りの見る目が変わってくればとても嬉しく思います。

この本が、若いあなたのヒントになることを願って。

2016年5月　港区にて

柴田励司

目次

入社1年目からの仕事の流儀

1
………
足手まといでいい

最初からデキる人を目指すな。転んで起き上がる人を目指せ

いつまでも足手まといでよいと言っているのではありません。ただ、最初から足手まといを怖がるあまり、表面的に取り繕ってしまうやり方は絶対に避けたほうがいい。ここを間違ってしまう人が結構います。

賢い人ほど、あいつは駄目だと言われるのが怖いので、変に先回りしてうまく立ちまわろうとしがち。ですが、**入社1年目のような若いときにガツンと凹まされる経験を避けていると、その後の成長のエンジンを失ってしまいます。**

こちらのほうが、足手まといで怒られるよりよほど怖いと思うのです。

皆さんは、なかなか想像できないかもしれませんが、上司や先輩から見たときに

「足手まといになることもあるけれど一所懸命やっている」という存在は好感が持てます。

むしろ、最初からスマートにやってしまおうという姿が見えるほうが可愛げがなく見えてしまう。ここが面白いところです。上司や先輩もやはり人間だということです。

怒られろ、ということではありません。あくまでも**一所懸命にやるということが大切**です。一所懸命であっても怒られるときは怒られますから（笑）。しかしそれもあなたのためを考えてのことです。叱咤激励なのです。

最初のうちはうまくいかず足を引っ張ったり、ミスして転ぶことがあっても、そこから起き上がって成長する姿が見えるほうが大事。「これじゃ駄目だな」と自分でも感じるような痛い経験をしておくことで、足手まといにならないように早く成長しようと痛切に感じる。これが皆さんの成長エンジンになるのです。

人が伸びるのに重要な要素は「屈辱感」と「飢餓感」です。このままでいたくないという思いと、もっと仕事がしたいという渇望。いつの時代でも、この二つの要素を秘めている人は成長できます。

そうは言っても屈辱的なことがあって心が折れて前に進めない、もう逃げ出したいというときもあるでしょう。そこで、本当に逃げては駄目です。一生逃げることになってしまいます。

一度逃げることを自分に許してしまうと、二度目、三度目もどんどん基準が甘くなってしまう。自分という存在への自信もそのたびに薄れてしまいます。それではこの先の長い人生が辛いものになる。そうならないためにも、まず大事なのは、少々足手まといになってしまっても必要以上に自分を責めたり卑下したりしないことです。

足手まといを怖がらない。すべてはそこからのスタートです。

2

単純作業にも発見がある

単純作業の中の「メッセージ」に気づけるか

どんな業界でもそうです。新人に最初に与えられるのは単純作業。ベテランアルバイトよりも簡単な仕事をさせられるかもしれません。

現場系の仕事だけではなく、デスクワークでもたとえば注文書の数字が合っているかどうかのチェックなど。けれど、それすらきっちりできないものです。

私もそうでした。本書でも折に触れてお話ししますが、京王プラザホテルからオランダの日本大使館に出向となった1年目。最初に与えられたのは大使館を訪れるさまざまなゲストのリストを作成することでした。

いつ、どんな人物がどのような目的で来訪するのか。元になる情報からリストをつくるのですが、そこでもケアレスミスをたくさんしてしまい、上司の上司にあたる公使から随分厳しく指摘されたのです。

どんな単純なミスもミスはミス。そこから派生する影響は決して小さくはないのですから単純作業をなめてかかってはいけないのです。

たとえば書類をホチキスで留めるときも、何も考えずにパチンパチンする人と、書類の向きを考えてめくりやすく破れにくいように考えて斜め45度に留める人がいます。

小さなことではあるのですが、ここをきっちりやれる人が複雑な作業もちゃんとやれる。逆に言えば**単純作業を適当にやる人は、それより複雑で大きな仕事を与えられたときに詰めの甘さが見えてしまう**ことになります。

ただ、こういうことは自分では気づきにくい。誰かから指摘されて「あっ!」と思う瞬間があったほうがいいです。この経験を大事にできる人が単純作業をきっちりこなせて、次のステップに進めるのです。

ここでもう一つ私が皆さんにお伝えしたいのは、最初からうまくやろうと思いすぎなくていいということです。言い方を換えれば「ミスしてもいいから単純作業をいっぱいしましょう」という話です。

単純作業ができるのは入社1年目などの新人の特権。その機会をうまく使って自分の後々の成長につなげられるのです。中堅になってから単純作業しかさせられない、できないというのでは幸せとは言えません。新人は単純作業をちゃんとやれれば評価につながります。

ホテル時代、今でも覚えている単純作業はチェックアウトの済んだキーをキーボックスに戻す作業です。カードキーのない当時は、キードロップと呼ばれるケースにキーを戻して確認していたのです。

その作業は主に夜勤明けの人間が担当していました。疲れて眠い中での作業ですから、誰もがやりたいことではない。私も淡々とやっていましたが、あるときやりながら気づいたことがありました。

早めの時間にチェックアウトする部屋が、いつも決まって同じ部屋が多いのです。

なぜだろう？　と思って調べてみると、その同じ階の部屋に団体客を割り当てていたからでした。

団体客は大きなスーツケースに荷物の量も多いので、部屋の絨毯の消耗も激しいのです。他の部屋と比べてみると、明らかに部屋の汚れぐあいも違っています。これでは、あまり効率的ではないなと考えて上司にそのことを話したのです。すると「よく気づいたな」と、それ以後、団体客の部屋をうまくローテーションして割り当てるようになりました。

小さなことですが、自分の「気づき」で物事が改善されるのはうれしい。**どんな単純作業の中にも、何かしらその仕事をする「意味」や、そこから何かにつながる「メッセージ」は隠されている**のだと思います。

もちろん、最初からそんなふうには思えないでしょう。私も入社当時は商社などに就職した大学の同期が同僚たちとホテルに食事に来る姿を見ると、思わず隠れたくなる気持ちになっていました。

向こうはスーツを着てバリバリ仕事をしているのに、自分は真っ赤な制服を着て単純作業で走り回っている。なんだか情けない。そう思ってしまっていたのですが、実際はそんなことはなかったのです。

むしろ、新人のときにきれいな仕事ばかりしていたら、きっと「ベタで単純だけど大事な仕事」があることにも気づかずにいたでしょうし、そこから学ぶ機会もなかった。

新人時代の単純作業は、後から考えればたくさんの気づきを与えてくれる、大事な経験なのです。

3 メールは「反応待ち」にしない

メールの使い方一つで相手との関係が変わる

新人のうちに習慣づけたほうがよかったと思うことがあります。メールをためずに必ず返信する習慣もその一つです。

来たメールを「急ぎとは書いてないし、忙しいから」と放置していると、相手はそのメールの内容が伝わったのかどうかわかりません。本当に忙しかったとしても「了解しました」ぐらいのひと言でもいいのでメールは返しておくのがいいでしょう。

ただし、伝えたいことの内容によってはメールよりも直接相手に会って口頭で伝えたほうがいいことがあります。相手がメールで送ってきたのだから、と何も考えずにそのままメールで返すのは考えもの。

とくに、**内容が相談事や大事な報告であれば直接相手の顔を見て話すのが大原則。**そのうえで、あとから確認と共有の意味でメールするようにします。

もちろん、距離が離れている相手だったり、相手がかなり忙しいときには代替手段としてメールを使うことはあります。その場合も大事なのは、最後まで読まないと用件がわからないようなメールを書かないこと。

メールの冒頭で必ず用件を簡潔に書くのが基本。パッと見ただけで内容がわかるようにすることを心がけてください。

とくに、相手にとって嬉しくないネガティブな内容のメールであればなおさらです。何を書いているのか最後まで読まないとわからないメールは相手の気分をさらに害してしまいます。

文字だけで伝えるメールは相手の表情や微妙なニュアンスはわかりにくい。**本当に大事なことはメールでは伝わらないと思っておいたほうがいい**のです。

メールしたから相手もわかっているはず、というのは手抜きです。忙しい相手から「何それ、聞いてないよ」と言われて「メールしましたけど」というシーンをよく見かけますが、それなら電話でひと言「メール、確認しておいてください」と伝えるべきです。

メールはとても簡単な連絡手段ですが、相手の顔が一番見えない、本意が伝えにくい連絡手段でもあります。相手からの反応がなければ、自分のみならず、相手も困ってしまう。

メールで回答を求められて、すぐには返信できないときも、「～日までには返信します」と先に返しておく。逆に、いつまでに返事すればいいのか不明なメールのときは自分から確認を入れる。

実はメールは、それぐらい繊細なものだということを忘れないことです。

4 予習・本番・復習はセットで行う

イメージできた数だけ仕事の質が上がる

毎日、仕事はしているけれど、どうもこなしているだけのような気がする。自分でも、もっと納得できる仕事がしたい。

そんな人に私がいつもお勧めしている方法があります。難しいものではありません。**夜、寝る前にベッドの中に入ってから「今日一日がどうだったのか」を振り返るのです。**

そのときに、何か自分の中で引っかかるものを探ってみます。「あのときの、あれはどうだったんだろう」と引っかかっているものをそのままにするのではなく、自分なりに分析して「次はどうするか」をイメージしてみるのです。

痛い想いをしたとしたら、それをあえて思い出す。一日の体験をそのまま流してしまわないことが重要です。次につなげられるものにしてから寝るということです。勉強には「予習」「復習」が付きものですが、実は**社会人になってからの仕事でも予習・復習は大切**なのです。

これを私は今でもやっています。朝、仕事の前にその日のスケジュールを見て、一日のイメージを持つ。一日が始まってしまうと、本当にあっという間にいろんなことが流れていきます。

とくに、今の私は異なる業種業態の複数の会社の経営に関わっていますので、多様な案件に次々対処していく毎日です。ですから事前にイメージができていないと望んでいるようなパフォーマンスが出せません。

イメージができていないからといって先送りにしてしまうと、次にその案件にかかれるのはいつになるかわからない。そうなると多方面に影響が出るので、仕事をイメージするための時間は欠かせません。

「柴田さんは、いつでもどんなところでも緊張しないんですね」と言われるのですが、それは事前にイメージをしているからです。講演や研修で話すときも事前にどんな会場でどんなふうに話すかをイメージしています。イメージでもくり返すだけで当日の緊張度は全然違うと実感しています。

それがあるから高い質にこだわりつつも多くの仕事ができるわけです。イメージを事前に持ち、それから本番に臨み、終わったあと、自分で自分にフィードバックする。それをくり返していくことで蓄積され仕事の質が上がっていきます。その数だけあなたの仕事のやり方が定着していくと言えるでしょう。

5

メモは〝ふり〟でいい

相手の話の本質を全力で聴き取る

「ちゃんとメモしないから忘れるんだ」

「大事なことは必ずメモしなさい」

そんなふうによく言われます。ですが、本当にそれが正しいのでしょうか?

メモを取ることに集中して相手の表情を見ていなかったり、メモするのに必死で相手が言っていることの本質を理解できていなかったりするほうがダメだと思います。

それでもメモを取らないと怒られるような状況なら、仕方なくメモするふりをしながら全力で相手の言っていることを覚えるようにしてみてください。

これは記憶が得意不得意という問題ではなくトレーニング次第でできるようになります。

京王プラザホテルの組合の役員として会社主催の行事に出席したときには、社長のあいさつを覚えて帰り、組合事務所でワープロに向かってその内容を書きだすことをしていました。

「そんなのできるんですか?」とよく言われるのですが、できます。人間は、相手が言った言葉そのものよりも「誰がどんなふうに言ったか」というシチュエーションのほうを強く覚えているものです。

その性質を利用して「言葉」ではなく「映像」として記憶する。自分の脳に録画するようなイメージです。一字一句、間違えずに記憶するなんて無理。それより、相手が大事なことを言っている様子をそのまま自分の目の〝ビデオカメラ〟で記憶して、あとで再生してみるのです。そのときには紙にメモしても構いません。

そして、その内容を「確認なんですが」とあとで相手に質問してみる。もし間違っていたとしても、そのときの「間違った」という〝記憶〟が残るので結果的には修正されます。

これは、本当に「やるか、やらないか」の問題。メモなしで相手の話を聞き、あとでその内容について確認の質問をして間違ってもいいのです。何もしないで完全に忘れてしまって怒られるよりはよほど生産的ですし、相手に「こいつはちゃんと確認に来た」と思われるほうがプラスなのですから。

メモと関連することでいえば、私はいわゆるチェックリストはつくりません。業務内容によっては必要なこともあるかもしれませんが、通常の業務ならチェックリストをつくるためにあれこれ考えている時間のほうが惜しい。

ここでも、自分がやるべきことは頭の中に全力で刻み込んでおくほうが「絶対にやらなければ」という意識が強く持てると思います。

6 かっこいい〝あいさつ〟をしよう

自分がつくった笑顔がいいエネルギーを生む

「おはようございます！」「こんにちは！」とあいさつしてニコッとする。「なんだあいつ。元気だけが取り柄だな」と思われてもいい。

新人はたったそれだけのことでも相手から認められます。そもそも、気持ちよくあいさつされて「嫌だな」と思う人はいません。もし、いたとしてもその人は相当な変人か、よほど何かネガティブなことを抱えている人なので気にしなくていい。

ときどき、自分があいさつしているのに相手が返してくれないケースもありますが、それでもめげずにやりましょう。「自分が何かしたのかな」「嫌われているのでは」と考えがちですが、そういう人は誰に対してもそうなので、これも気にする必要なし。

という私も、最初はちゃんとあいさつができませんでした。

自分で言うのも変ですが根が内向的なのでは？　と思っているところがあり、誰にも気づかれずに黙って仕事に取り掛かるほうが楽だったからです。

変わるきっかけになったのはホテルでの新人時代、当時の総支配人のあいさつがとても魅力的だったこと。誰に対しても、ニコッと微笑んで、

「おはようございます」

とあいさつする姿がカッコいいと思いました。

それを真似するようになると「なんだ、こんなにあいさつは万能なのか」と思いました。**世界中、どこに行っても笑顔であいさつするだけで受け入れてくれる人が増えることに気づきました。**あいさつの意味を体感した瞬間です。

たとえ、よく知らない相手であっても軽く会釈するだけで、少なくともお互いに無駄な警戒心を持たなくて済みます。

これは微表情の研究家に教えてもらったことですが**「表情をつくると気持ちもつ**

いてくる」そうです。

落ち込んでいたとしても、まず笑顔をつくってみる。大変なときでも、こちらから相手に笑顔であいさつすると、向こうもぎこちなくても笑顔であいさつを返したくなるのですね。

逆に、こちらが仏頂面でブスッとした顔を向ければ、かなりの確率で同じような態度が相手から返ってきます。自分がつくりだしたもので相手からプラスやマイナスの、両方のエネルギーをもらっていることを忘れないようにしましょう。

7 敬語を軽く考えない

自分の敬語が正しいかどうか気にしてみる

「今どき、そんなに敬語なんて堅苦しく考えなくてもいいんじゃないの?」。そんなふうに思っている人もいるかもしれません。

たしかに、プライベートな関係ではあまり年齢や立場も関係なく「タメ口」のやりとりをすることもあるでしょう。むしろ、そこで敬語にこだわるとコミュニケーションが逆に変になることもありますし、いつまでも仲良くなれない問題にもなりますね。

時と場合による敬語の使い方ですが、仕事の場では、やはり今も「尊敬語」や「謙譲語」は生きています。その場では指摘しなくても、実は結構気にしている人は多いのです。

仕事のやりとりをしていても、**相手の敬語の使えなさが引っ掛かってしまうと、そちらに気が向いてしまって肝心のやりとりの中身が入ってこなくなる**のです。

本書は、正しい日本語の使い方を教えるものではないので尊敬語や謙譲語、丁寧語の使い方は他の本やネットで調べてもらったほうがいいのですが、まず必要なのは自分が何気なく使ってしまっている言葉が正しいのかどうか「気にしてみる」ことです。

あるとき、若い人から「ある経営者を柴田さんに会わせたい」というメールが来ました。一部を変えていますがこんな書き出しです。

《突然ですが私の友人で柴田さんに会わせたい人物がいます。

ご興味あるようでしたら○○さんにお伝えします》

ひどく変ではないものの、気になる書きぶりです。本当なら「会わせたい」ではなく「ご紹介したい」か「お引き合わせしたい」と書いたほうがよかった。「ご興味あるようでしたら〜」の部分は日本語として変です。本人にもそう伝えました。そのためか、彼のその後の敬語の使い方にはなんの違和感もなくなったように思います。

私自身は、普段から細かく指摘するわけではないのですが、敬語が気になって印象を悪くしてしまうこともあります。そうならないためにも、どこかで上司や先輩にチェックしてもらって「気づけてよかった」と思えるような機会があったほうがいいでしょう。間違いやすい敬語の使い方もあれば、知らなかった尊敬語を使って指摘してもらえるのも若いうちだけだと心得ましょう。

8

時間の使い方を考える

嫌なことと面倒なことから先に片づける

皆さんは、嫌なこと、時間のかかることは先に片づけてしまうタイプでしょうか？　それとも、やりやすいことを先にやってあとから取りかかるタイプでしょうか？

仕事を素早く処理していくことを考えれば、やはり**嫌なことと面倒なことを先にしたほうがいい**でしょう。たとえば、夏休みの宿題を最後の残り2日間でやっていたという人は要注意。

私の場合は極端ですが、夏休みの宿題は7月21日には終わらせていました。日にちは地域によって異なると思いますが、最初の2日間で片づけていたのです。終業式が終わった瞬間から気合いを入れてやってしまう。

絵日記はもちろん創作です（お勧めはしませんが）。そうすると、なんと素晴らしい夏休みになることか。この経験があったからか、今でも仕事はあとにためないのが基本。

仕事の生産性を高めるためのノウハウ本やネットの記事では、仕事は分離させて同じものをまとめて処理するといいといったことが書いてあります。ですが、それは比較的やることが少ない場合に有効なやり方。

新人のころは、あっちこっちから球が飛んでくる状況です。あとでまとめてやろう、というわけにはいかない。そんなときはノウハウも何もありません。**とにかく片っ端からやっつけていくしかない**のです。

とにかく先に先にを意識してやる。そうするとあとで少しでも時間の空きが生まれてきます。そのときに、人から頼まれたものではない自分でやっておきたかったことも片づけることができます。

誰かからお願いされたことを「そば屋の返事」のように「もうすぐできます」

「いまやろうと思っていたところです」と言うのは駄目。

せっかく全力でやっていてもその姿勢が伝わりません。相手から「どうなってる?」と聞かれる前に「もうできました」と言えるぐらいを目指してみてください。

それでも先にやることがあってできないときは、いつやるかを自分で自分に予約するようにして、その時間を先に確保するのがお勧めです。

やらなければならないことがたくさんあり、うんざりしてしまうようなときでも「この日のこの時間になれば片づけることができる」という見通しが立っているだけで、ずいぶん気持ちが楽になるものです。

逆に、やらなくちゃと思いながら、いつやるかの目処もつけていない状態を続けているほうが全体のパフォーマンスにも影響してきます。

9 自分のために使う時間をつくる

自分でコントロールできる時間をつくり出す

時間はものではないので触れることができません。そのために、人によって扱い方や感覚が違ってきます。自分の時間も他人の時間も大事に丁寧に扱う人と、適当に扱う人がいるのです。

たとえば、9時からの打ち合わせの約束だったとして9時ちょうどに来るのはどうでしょう。ピッタリなら遅れていないからいいか、という考え方もありますが、もし途中で電車が遅れるなど何かのトラブルがあれば相手を待たせてしまいますよね。

それに、打ち合わせの前には自分の頭の中を整理する時間も必要です。4（P

31）でも触れましたが、朝イチの時間にちゃんと自分の準備ができていないと、その日一日のパフォーマンスに影響してきます。

時間内に仕事が終わらないのも、それを「仕方ない」と流してしまってはいけません。**なぜいつも時間に追われてしまうのか。時間が足りなくなるのはなぜか。一度、立ち止まって考えてみることも必要**です。

新人の頃は、上司や先輩から投げられた球を打ち返すような感じで、頼まれたり指示されたりしたことをこなすので精一杯。自分で考えて仕事に取り組むことが難しいと思います。

それでも、自分に向かって飛んできた球を打ち返すことばかりで終わっていると、いつまでも「時間に追われる」状況は改善されません。

では、どうすればいいのか。**自分でコントロールできる時間を自分でつくり出す**のです。自分だけの時間を確保して、自分で時間を組み立てて仕事を片づける練習をそこでやっていきます。

具体的には、やはり朝など、どこからも邪魔が入らない時間を自分でブロックしてその時間を使う。多くの人は、仕事が時間内に終わらない悩みに対して愚痴や文句を言うだけで、自分で工夫して時間をつくるという行動をしていません。

私も今でも仕事がオーバーフローする状況に襲われます。基本的にはきちんと睡眠を取らないとパフォーマンスが低下するので、徹夜したりするのではなく移動時間を使って、その間にやることを事前に決めて対処するということをしています。

自分の時間の使い方を意識できるかどうか。入社1年目の若い頃からやっておくかおかないかで大きく差がつきます。

10 報連相を自分基準にしない

伝え方の練習をする

学生から社会人になって戸惑うことはたくさんあります。「報連相」という習慣もその一つでしょう。

上司や先輩から見たとき、彼・彼女が今どんな状況なのかわからない、何を考えていて何に困っているのかわからないというのがとても「困る」のです。

たとえば、問題や課題があり、その上で上司があなたの状況がわかっていればいろんな手が打てる。そこを隠したり、適当に「大丈夫です」としか伝えられていないのでは本人は良くても周りが困る。そのために、些細なことでも「報連相」しなさいと言われるわけです。

しかし、報告・連絡・相談が大事だなということを頭ではわかっているつもりでも、実際にちゃんとできている人は少ないのが現実。

「いや、報連相は大事と言われているし、自分でもわかっているのでやってます」と言う人もいると思うのですが、それが相手にきちんと「伝わっている」と言い切れるでしょうか。

報連相は、ただすればいいものではない。伝わらなければ報連相とはいいません。

そこで、きちんと相手に伝わるようになるためにいい練習があります。相手が言っていることを自分でまとめてみるのです。

上司や先輩とのやりとりのあと、「自分の理解のためなんですけれど」と前置きして「今の話は、こういう理解をしているのですが、合ってますか?」というのを確認してみる。

そこでうまく確認が取れないのであれば、自分の伝え方がおかしいというのがわかります。

何度かそういう経験をするうちに、こういうところを押さえて相手に話さないと相手はわからないんだなというポイントがつかめてくるのです。一方で上司や先輩もあなたのわからない点を理解して、助言をくれるでしょう。報連相とはそうした効果としてとても大切なことなのです。

「伝える」という技術はあなたのこれからの社会人人生にとって絶対に欠かすことのできないものでしょう。報連相が大切なのは社会人として大切なことがつまっているからですね。

報連相の「報」はわかるように伝えること、「連」は都合のいいことばかりではなく上司が安心できるように伝えること、「相」はわからないところを明確にし、相手に伝えることと心得ておきましょう。

11 自分から動いて聞く

何でも聞けるのは新人の特権

まだ何も仕事ができないのに自分から「これやります」なんてできない。新人のうちはそう思うかもしれません。

そのために「待ち」の姿勢がデフォルトになってしまって「皆さんのご指示を全力でお待ちしています」というふうになりがち。それでは仕事の流儀を身につけることから遠くなります。

入社1年目の新人こそ、何でも自分から動いて聞きに行くことをやりましょう。

聞かずに推し量って行動するのは、もっとあとからでいい。

聞くことが多くて先輩や上司に多少面倒くさがられても、最終的には「新人だから」で許される特権があるからです。

むしろ、それをやらずに2年目、3年目になっても「よくわからないからやらない」という状態のほうがまずい。

「これって、どういうことなんですか？」

「これ、自分にやらせてもらいたいんですが、どうしたらいいですか？」

と、**いろいろ動いて聞いたほうが絶対に得るものが大きい。**

それも、早いなら早いほうがなおいいでしょう。聞くタイミングを逃してしまうと、なかなかあとから聞きにくいものです。

頭のいい人に本当に多いのですが、「知ったかぶり」したり、わからないのにそのままにしてしまったりしているケースを見かけますが、それはよくない。

たとえ自分のハイスペックな学歴が邪魔をして「こんなこと聞いたら、馬鹿にされるんじゃないだろうか」と思ったとしても、先輩や上司は「新人は新人」としか見ていないもの。そこまで気にする必要なんてないのです。

それよりも、何も聞いてこないで間違ったことをやらかしてしまう人間のほうが扱いにくいと思われてしまいます。

聞きに行くことは恥ずかしいことでもなんでもありません。「確認のために聞きに行こう」という姿勢はむしろ自分のやることに責任感をもっているからこそ。いろいろ自分から聞きに動いていると、先輩や上司も主体性があるというふうに認めてくれます。

主体性をもっている人間には教え甲斐もあるので、「あいつにはちゃんと教えなきゃ」と、いろいろ自分の経験やノウハウをわけてくれるようになるものです。

12 靴は5足持つ

身だしなみで仕事ぶりが見えてしまう

足元を見られるという言葉があります。本来の意味は「相手の弱みにつけこむ」ことですが、実際に皆さんの〝足元〟は相手から見られているのです。

具体的に見られているのは「靴」です。靴がきれいな状態なのか、ボロボロで踵がすり減っているのかというのは意外に目につきます。

スーツやシャツはちゃんとしていても靴に気を遣っていないのはNG。みんなが気をつけているところはスーツとシャツ。もっと細かいところに気を配っている人と見られる部分は靴。もし靴が汚いと、細かい部分のケアまで気が回らない人なんだなと思われる可能性が大です。

「たかが靴のことが、仕事にまで影響するの？」と思うかもしれませんが、靴に限らず**身だしなみに余裕がない人＝仕事の詰めが甘い人、仕事のどこかに抜けがある人というふうに見られるもの**です。

社会人なら仕事用の靴は最低5足は持っておく。それなら月曜日から金曜日まで毎日違う靴をローテーションで履けるので、それぞれの靴の傷み方がかなり抑えられます。これが一つの利点。

もう一つ言えば、靴の状態をきちんと管理できている人は自分の健康状態も管理できることにもつながります。

映画『舞妓Haaaan!!!』の中で舞妓にあこがれる主人公がやっとの思いで一見さんお断りのお茶屋に入ったとき、下足番の人からこんなことを言われるシーンがあります。

「悪いこと言いませんから、今すぐ病院に行きなさい」

何かと思えば、その下足番は何十年といろんな人の靴を預かってきたので、その人の靴の状態を見ただけで健康状態までわかってしまうのだというのです。もちろん、医学的な根拠はない話ですが、まったくない話だとも言えない気がします。

自分の身体の不調がずっと続いていて、それをごまかしながら生活していれば歩き方も普段と比べ、おかしくなるかもしれません。そうすると靴の踵の減り方もおかしくなる可能性もあるわけです。

逆に言えば、靴や身だしなみにきちんと気を遣える余裕があるということは身体も健康でなければできない。たかが靴や服でも社会人になれば、ただ履けばいい、着ればいいというものではないことを覚えておきましょう。

13 掃除が自分のベースを高める

掃除を自分の習慣にしてしまう

若いときは、あまり掃除に積極的な関心を持たないかもしれません。私もそうでした。

よく会社で、みんなで一斉に掃除をすることがありますよね。そういうのも何だか儀式っぽいなと思って、そんな時間があればメールの一つでも処理したほうが生産的だと考えていたのです。

今は違います。朝、家を出る前にトイレ掃除をしてフローリングモップを掛け、オフィスでも汚れが目立つところをウェットティッシュで拭くなんていうことをやるようになると、少しずつ意識が変わってきました。掃除は馬鹿にできないのではないか、と。

掃除をすると、それまで自分が気づいていなかったことに気づけるようになります。物事に気づくフィルターが細かくなるのは、いろんな場面でプラスになります。おまけに目に見えない埃もきれいにできるので、自分のいる環境もよくできる。自分の周りの空気が軽くなるのを感じることができます。

これが、なんとも気持ちがいい。その分、仕事もいい気分で取りかかることができます。

掃除をしてマイナスになることはないのですから、掃除を自分の習慣の中に取り入れたほうがいいでしょう。

とくに、机の周りを掃除するだけでも随分違ってきます。昔から「机の上を見れば、その人の仕事の状態がわかる」と言われていましたが、机の上がひどい状態だとその人の仕事の状態もカオスになっていたりします。

机の上を掃除して整えておくことは、必要な資料が「どこにいったかわからない」というような問題発生を防ぐこともできます。

誰に言われなくても新人が自分から掃除をしていれば、それだけで「おっ」と思われるものです。けれど、皆さんの中には「掃除」という言葉を見聞きするだけで、なんだか面倒くさく感じる人もいると思います。

そんな人ほど、さっさと習慣にしてしまうことをお勧めします。

嫌だな、面倒だなと思うのは「わざわざやろう」としているから。そうではなく、歯磨きと同じで「やるのが当たり前」にしてしまえばいいのです。

掃除が当たり前になれば、普段とは違うことが見えてくる。そうなると、また新しい課題がでてきて対処する。机はきれいになる上に、仕事もはかどる。新しい試みもできるようになる。掃除の習慣をぜひ取り入れてみましょう。

14 学歴より人間力で勝負

学んだことをどう生かしていくか

人間力。よく聞きますけど、どんなことを言っているのかいまいちわからないと思います。ではいったいどういったことを指しているのでしょうか。

就活や新入社員研修の頃までは、そんなふうにどこの大学なのかという話がよく飛び交うと思います。ですが、仮にSランクの大学出身であったとしても、それは仕事を始めた瞬間に忘れたほうがいい。

「どこの大学なの?」「○○大? えっ、すごいね」

もちろん自分の中で内に秘めたプライドは持っていいのですが、それを知らず知らずに優越感として持ってしまってはもったいないです。

変に優越感を持ってしまうと、新人としての仕事に素直に向き合えなくなるからです。こんなに学生時代頑張ってきたのに今の仕事でやっていることはこれなのか。そう思ってしまうと、そこから何も学んだり得られたりしなくなってしまいます。

社会に出たときから「どこの大学を出た」ということよりも「学んできたことをどう生かしていくか」のほうが問われます。

つまり、**大学の名前よりも、その人自身が仕事とどんな向き合い方をしているのかという「人間の中身」が大事になってくる**わけです。

実際、今の時代はどんどん中身重視に移ってきています。

これまでは学歴や社歴といった〝ブランド〟を持てなかった人は、社会で評価されにくいという課題がありました。

そこで私も発起人の一人となって、その人自身の魅力で人がきちんと評価されたり、いろんなチャレンジができたりする仕組みをつくる試みをＮＰＯを通じて行っています。

そのイベントの中で、その人の学歴や職歴といった属性をすべて隠して、プレゼンテーションを通して人間的魅力だけを評価するということをやりました。

すると、上位ランクの大学卒業の子たちを抜いて最も評価が高かったのは、高校卒業後アルバイトを続けてきた子だったのです。コツコツと自分で何かを学び、それを社会に還元する。大学で学んできたことばかりが大切というわけではなく、自分が見て体感してきた経験をその人自身の人間力に変えていく。彼自身はまさにそういった人物だったということです。

学歴よりも人に影響を与えられる人間力。そこで勝負する時代になっているように思います。

コラム 1

チャーミングってなんですか？

心で思ったことはスグに動いたほうがいい

皆さんは思い立ったら即行動するほうでしょうか？　それとも、しばらく考えてから行動に移すほうでしょうか？

「自分にしかできない仕事のやり方」を身につけている人、「こいつを育てたい」と思われている人は心で思ったことはすぐに行動に移すことが非常に軽やかに行われていることを強く感じます。

即行動というのは習慣の一つ。頭で考えるのではなく、体が勝手に動くようになればいろんなことが楽にできるようになります。

たとえば、私は今でも、オフィスの周辺でゴミが落ちていればすぐ拾います。

ホテル勤務時代の習慣でゴミがそのままになっていると「あっ」と思ってしま

うからです。13の項目（P58）でもありました「掃除」というものが習慣化した結果ともいえます。

しかしこのとき、「いい格好していると思われるのではないか」など、いろいろ考えると途端に動けなくなる。素直な気持ちで何も考えずに動くのです。オフィスの中なら、会議室のホワイトボードでマーカーのインクが減って書けなくなっていたら（なぜかよくありませんか？）自分が交換しておく。

してやったんだ、などと思う必要もありません。人のために、自分の時間とエネルギーを使うことが習慣として身につけば、いろんな仕事の流儀も身につきやすくなる。それが一番の〝報酬〟です。

チャーミングな人は知らず知らずにそうした報酬がたくさんある人なのかもしれないな、と最近強く感じるようになりました。

相手に関心を持てるようになろう

マーサージャパンという外資系人事・組織コンサルティングファームにいたとき、私と懇意にしていたアメリカ人トレーナーがいました。彼は世界中を飛び回っている人気者。あるとき、日本に研修のために来てくれたのですが、のどを使いすぎたのと慣れない気候のせいで風邪をひいてしまい声がひどいことになっていました。

これではしゃべるのも辛そうだな。そう思い、私も愛用しているよく効く日本ののど飴を彼にあげたのです。

すると本当に楽になったらしく、彼からとても感謝されました。私には感謝された時になって彼が喜んでくれたのだなと感じた程度だったのですが、それからというものの、彼が世界中から「こんなものを見つけた」「これは面白いからレイジも見るといい」などと、いろんな役に立つ情報をポストカードで送ってくれるようになりました。

なるほど、世界のどこにいても、自分のことを思って何かアクションを起こしてくれる存在がいるというのはいいものなのだな、と思いました。そこから私も真似をして旅であれ出張であれ、どこかに行った先から人にプレゼントを贈る習慣を持つようにもなったのです。

私の場合、のど飴がきっかけでしたが、こうした行為への感じ方は人それぞれでしょう。彼も異国の地で自分のためしてくれたことにとても印象深かったのだろうなと思います。人は、〝誰か〟から〝何か〟をされたことについては覚えているものです。それが好意の押し売りになればお互いが辛い思いになるだけでしょうけれど、相手にこうしてあげたいと心から思った行動はやはり人の心に残るのだと思います。私にとってはポストカードの贈り物がそうでしたし、世界中の誰かに関心を持たれていると思うととても嬉しく思いました。

相手に関心を持てるとはそんな喜びを相手に届けることでもあるように思うのです。

15 いつでも一番に発言する

顔と名前を覚えてもらっているか

「何でもいいから一番に手を挙げて発言しなさい」

小学4年のときの担任だった相沢先生が、学級委員の集まる委員会に初めて出席する私に言った言葉です。私はそのとき先生から教えられたことを、その後ずっと実践してきました。

もちろん、最初に手を挙げて発言するのは勇気がいります。ちゃんとその場を見て、的確な質問を考えなければいけない。そのためには、ちゃんと場の話を聞くことが必要になるので、会議やミーティングに参加する意識も違ってきます。

最初に手を挙げて発言する姿勢は、自分にとってプラスが大変大きいのです。唯

一、失敗したのは大企業のエライ方々が参加される委員会に呼ばれたとき。一番最初に手を挙げて発言しようとしたら事務局の人が飛んできて「順番が決まってますから」と怒られました。

これはまあ特殊なケースです。それ以外では、一番に発言することでいろんな人の目に留まっていいことのほうが多かった。**何かあったときに「あいつにやらせてみるか」と名前と顔を思い浮かべてもらえる**からです。

マーサージャパン時代、こんなこともありました。

当時のマーサーの社長が大滝令嗣さん（現早稲田大学ビジネススクール教授）という方で、私の名前の励司と読みが「レイジ」でまったく同じ。そのために、ときどき、ファーストネームだけで私のところに各国のパートナーからいろんな会議の招待が届くのです。

これはおそらく社長宛なんだろうな、間違いじゃないのかと半分思いつつ、せっかくなので電話会議に私が参加していました。そこでも一番に質問をしていたら「レイジは使える」と、本当に私がパートナーの会議に呼ばれるようになりました。不思議な話ですよね。

その頃は、まだ私は一介のコンサルタントだったにもかかわらずです。同じくマーサー時代、パートナーになる直前には世界で250人ほどのコンサルタントが呼ばれて集まる場でユニークな自己紹介もやりました。

リーダーがその場に集まったメンバーにテニスボール大のクッションボールを投げ、それをつかんだ人間が話をするルール。文字通りのキャッチボール形式。

私のところに飛んできたボールをパッとつかみ「Hi! My neme is Ichiro Suzuki」と答えたところウケたのです。ちょうどイチロー選手がメジャーで注目されたタイミングだったのもあってのこと。おかげで、その後のランチでもみんなが私に話しかけてきてくれました。名前は違いますが（笑）、うまく顔を覚えてもらった思い出です。

別に、どちらも目立つことを狙ってやってきたわけではないのですが、結果的に**「一番に発言する」のはみんなに覚えてもらえる**。そこに大きな意味があると思うのです。

16 仕事は盗んで真似る

いろんな人のいいとこ取りをする

仕事は盗んで学ぶもの。教えられるのを待つな。昔は、そんなふうに新人が上司や先輩から言われたものでした。

けれども、それではさすがに非効率だろうということになりマニュアルや研修プログラムが整って、その通りに学んでいくことが当たり前になっていったわけです。

それはそれで、新人にとっては助かりますし上司や先輩も楽といえば楽。

けれども、そうしたマニュアル式の育ち方では足りないものがあるのも事実。それが何かと言えば、最初の1（P20）でも述べた**「屈辱感」**と**「飢餓感」**です。

自分はこんなこともできないのかという屈辱感と、早く仕事を覚えて認められたいという飢餓感。この二つがバネになって仕事を自分から取りに行こうという姿勢につながります。

これは決して古い時代の精神論ではなく、自分にスイッチを入れるという意味でとても重要だと思うのです。

このスイッチが入っていないと、仕事や仕事のやり方など、何も自分からは取りに行こうとせずに「わかったつもり」になってしまいがち。人の話を聞き、注意を受けても「わかってる」と思って流してしまうのですが実際にはできていないことが多い。

屈辱感と飢餓感がバネとなって自分から取りに行くスイッチが入っていると、まず自分でトライしてみるので「ここが自分はできないのか」というのが実践を通して本当にわかります。この差が大きいのです。

他の人の仕事ぶりを盗んで真似ているうちに、その人がどんな気持ちでやっている仕事なのかが実感できる。こんなに神経を遣って丁寧にやらないと、うまくできないのかということがわかるのです。

人材育成の世界では、こういった「盗んで学ぶ」方法はコンピテンシー・ラーニングと呼びます。高い業績を出している人のやり方を真似してやっているうちに、なぜそうやっているのかがわかってくる。

野球で素振りをするのと同じです。上手い人の素振りを真似ていると、こうするとスムーズにできるのかということがわかったり、反対にこのやり方では自分に合わないからうまくいかないのだということもわかったりします。これは仕事の世界に限ったことではありません。英語などの語学を身につけるのも同じでしょう。まず最初は、自分が喋れない、コミュニケーションがうまくいかないことに屈辱感を持ち、ちゃんと通じ合いたいという飢餓感を持つ。

そこからスタートして、自分から取りに行きたいとスイッチが入るからそれまでできなかった語学ができるようになるわけです。その二つの感覚なしに大きな成長は難しいでしょう。

ただし、仕事で盗んで取りに行く場合は気をつけることがあります。一緒に仕事をしている特定の一人の人からだけ盗んで真似ていると、その人のいい部分と一緒に悪い部分も気づかないうちに取り入れてしまいます。

それを避けるためには、**いろんな人を見て、いいとこ取りをしたほうがいいでしょう。**

私が、そんなふうに、いろんな人のいいところを取りに行く大切さを教えてもらったきっかけは一冊の本でした。

1972年のミュンヘンオリンピックで日本の男子バレーボールチームを率いて悲願の金メダルを獲得させた名監督松平康隆さんの『負けてたまるか!』という本です。

松平監督は、いろんな個性の違う選手たちに、それぞれまったく異なる指導をしていました。一見バラバラで統一感がないのにチーム全体ではすごいパフォーマンスを出させたのです。

言うならば「いいとこ取り」のチームです。

当時の日本男子バレー界には「ビッグスリー」と呼ばれた身長190センチ台の選手がいました。

その一人、横田選手は反骨心の強いタイプだったので、「お前は駄目だ」と、ビシビシきつい指導をして「なにくそ」と思わせ、森田選手は褒められると伸びるタイプなので「お前は天才だ」と言い、学歴のハンディキャップを感じていた大古選手には表舞台という機会を与える。

そんなふうに、**特定の人からすべてを真似るのではなく、いろんな人のいいところを取り入れたほうが可能性は広がる**のです。

実は、この本と出合ったのは私が小学4年のとき。小学生でそんな大人の本を読むのは難しくなかったですかとよく言われましたが、そう感じたことは一度もなかったです。自分から「取りに行きたい」という関心のスイッチのきっかけは年齢を問わないということです。それさえあれば、どんなものも身につくのです。

17 アウトプットを心がける

最小の労力で成果を最大化させる

どんなに自分では「わかった」「できる」と思っているものでも、頭の中にあるだけでアウトプットとしてかたちにしていないと本当に「わかっていて」「できる」ものなのかはわかりません。

入社1年目の新人のうちは、とくに意識して「わかったつもり」ではなく、実際にかたちにしたり文字にしたりするアウトプットをたくさんやったほうがいいです。

アウトプットの大切さは、皆さん頭ではわかっているのですが実際にやっている人が少ない。自信がないから、間違いを指摘されたくないから、恥をかきたくないからとアウトプットを躊躇して見せない人が多いのです。

実は、多くのリーダー、上司や先輩は「途中でもいいから見せてほしい」と思っています。成果物として固まってしまう前に見ておきたい。なぜなら、**そもそも方向性が間違っていたり、重大な抜けや漏れがあったりした場合に途中であれば修正ができる**からです。

しかし、つくっている側の新人は中途半端な状態で見せたくない、指摘されるとやり直しが面倒くさいと思ってしまいがち。ちゃんとしたものになってからアウトプットしようと考えるのですが、それが大間違いです。

もちろん社外に出すものであれば、中途半端なものを出せないのはわかります。ですが社内に出すものなら、途中で人に見せるのはむしろプラスのほうが多い。自分では気づかなかったことをヒントとしてもらえたり、ミスする前に指摘をもらえたりするからです。

そうすると人の力を借りることができるわけですから、**最終的には投入する時間は最小で、アウトプットの質は最大化させることが可能になります。面倒くさいと思っている途中途中でのアウトプットが、自分の仕事を助けてくれるということで**

す。

アウトプットとしてかたちにするときの大原則はパッと見てわかるものにすること。言いたいことは数行にまとめ、チャートや図解なども使って見た人の頭にすぐに内容が飛び込んでくるものにすることを心がけてください。

私は京王プラザホテル時代に中小企業診断士の資格を取ったのですが、そのときも勉強したことを自分で一冊の本をつくるようにアウトプットしました。

まだパソコンの機能が貧弱だったので手間がかかったのですが、チャートや図解化もしながらマーケティングや労務管理についての知識を体系化させてまとめたのです。

本のようにまとめるわけですから自分が本当に理解できていないと、その作業ができない。そのときのアウトプット経験があったおかげで、ゼロからの勉強だったにもかかわらず今でも使える知識が身に付きました。

アウトプットを心がければ「**わかったつもり**」**ではなく、実践できる知識を体得することができるのです。**

18 新聞を読む

自分のテーマを持って情報とつきあう

新人だから目の前のことを追いかけるのに精一杯。それもわかります。ですが世の中の動きもあまりよくわからないというのはよくない。仕事のステージが上がって行く中では、いろんな動きに関心を持つことも必要になってきます。

私が行っている次世代経営者のトレーニングで「1分間スピーチ」というものがあります。時事的なテーマに対して「賛成・反対」と、その理由を簡潔に1分以内で述べていくのです。

上の仕事をするようになると、仕事以外の対話の幅が求められる。そのときに、いろんな情報に関心を持って触れていないと対話ができません。

今の世の中は情報だらけですから、情報と漠然と向き合っていても本質をつかめないまま押し流されてしまいます。それでは無情報なのと同じ。何かに自分が関心を持つことがとても重要だと私は思います。たとえば「メンタルと仕事」というようにテーマを持つことで大事な情報が浮かび上がってくるわけです。

ですが、あまり世の中のことも世界の動向も興味が持てないという人もいます。そういう人でも「人から直接聞いた話」には興味が持てるのではないでしょうか？　**いろんな人に会って話を聞いて、そこで自分の中で引っかかるものを感じたら、それを流してしまわないこと**です。何か引っかかるとは実はとても大切なことなのです。その引っかかり（テーマ）を自分で持っておいて、新聞でもネットでも何か関連するものを見たときに思い出して考えてみるようにしてみてください。

新聞を隅から隅まで読む必要もありません。見出しだけでもいい。それでも、自分がテーマを持っていれば、自分に必要な見出しが目に飛び込んでくるはず。その部分はしっかり読み込めばいいのです。

自分がテーマを持って情報と接していると、そこから派生して他の情報と結びつくことで新しい発想やアイデアも生まれやすくなります。

私があるとき新聞を読んでいると「ヒットソングのイントロが年々短くなっている」という記事（日経ＭＪ２０１６年６月10日）が目に留まりました。すると、１９９５年には平均26秒だったイントロの長さが、２０１５年には平均12秒。10年で半分以下になっているというわけです。

音楽が好きでカラオケによく行く人なら「そうかも」と思われるでしょうが、世代が上の人が好んで歌う曲はイントロが結構長く、最近の曲はかなりイントロが短いですよね。

１９９５年にリリースされたB'zのミリオンヒット曲『LOVE PHANTOM』などはイントロが驚異の１分19秒。その旋律の美しさも相まってまるで映画のオープニングのようです。

それに対して、今の若い人が好きなSEKAI NO OWARIの『Dragon Night』

はイントロが3秒しかありません。とにかく現在の視聴者は「待ってくれない」のです。

その記事と接したときに、私が思い出したことがあります。

CCC時代にTSUTAYAのレンタル事業を強化するにあたって、店舗リサーチをしていました。お客様が店内でどんなレンタル商品を手に取って、どんなふうに選んで借りているのかを観察していたのです。

その中で、あるお客様が一度手に取ったDVDパッケージをしばらく眺めてから、また棚に戻しました。私は「こういう調査をしているのですが」と断って、パッケージの何を見ていたのかたずねてみたのです。

すると「パッケージに書かれている収録時間を見ていた」という答え。内容は面白そうだけど142分は長すぎるので観ないと言うのです。なるほど、と思いました。

海外ドラマなどは50分で完結させているものが多いのですが、日本よりさらにメディアの選択肢が多いアメリカではそうしないと観てもらえない。そこでいくつかの実験店舗で「90分で感動できる」「120分以内で観られる名作」というコーナーをつくってみたところ大当たり。

それまで数か月に一度動くかどうかといった作品が何度もレンタルされるようになりました。

仕事の中で関心のあったこと（私の場合なら、「何を見て人は商品を選んでいるのか」ということ）を意識していると見出しとして引っかかるものがあり、さらに興味深い情報が手に入りました。そうやって埋もれていたアイデアをこれからに生かすことだって可能です。

皆さんも、情報と接するときには**自分のテーマを持ち、ただ読み流すのではなく自分の仕事ややりたいことと関連づけるように読んでみてください。**

19 仕事と関係ない人とつきあう

サードプレイスでインプットをする

気がついたら、仕事関係の人としかつきあっていない。学生時代と違って社会人になって仕事に埋もれてしまっていると、ついそんな状況になりがちです。

仕事に一所懸命なのはいいことですが、長時間労働で仕事しかしていないというのはよくありません。インプットがなくなってしまうからです。**新たなインプットがなくなるとどんどん自分が摩耗していきます。**

自分から意識して仕事と関係ない場所に出向き、仕事と関係ない人と会うようにしましょう。こういう場を「サードプレイスを持つ」と言いますが、私もできるだけそうするようにしています。

といっても今の私の場合は、経営に関わっている事業がコミュニティ事業、化粧品、旅行、人材育成などさまざまなので、何が仕事で何が仕事ではないのかという区別が大変難しいのですが。

もちろん、それぞれ別々の事業領域に関わる大変さや困難はあるのですが、それ以上に、一見関係ないことがそれぞれの事業に生かされるような面白さもあります。これは自分の仕事や会社がサードプレイスになっているようなもの。こうなれば最強です。

ある事業では既に陳腐化した技術やノウハウが、別の事業では斬新で、新しいアイデアとして使えたりということもよくあるもの。

そこに気づいて動けるのも、一つの仕事だけに埋もれて同じような人とばかりつきあわないからこそできることです。

どうしても年数を重ねるごとに仕事は大変になり責任も重くなります。そうなると、なかなか仕事に関係ないことをするのも、そこに時間を費やすのも気が向かなくなるものです。

ですから、新人のうちに、**仕事以外のところに出向いていろんな人とつきあうことを自分の中に取り入れていくこと**をお勧めします。

私の場合、自分のサードプレイスだけでなく、周りの人のサードプレイスをつくることもよくやっています。何をするのかというと「この人とこの人を引き合わせたら面白いだろうな」と思った人同士で話ができるように取り持つのです。

もちろん、当事者同士は何も接点がありません。だからこそ、お互いに想定外の話の展開になることも多く、それぞれに刺激的なのです。

これは、私にとっても「仕事ではない」ことです。だからこそ、単純におもしろそうだなという感覚で動くことができますし、そこでの出会いがお互いに有益だったら私もうれしい。

そんなふうに、**仕事だけでは得られない喜びを持てるように意識していろんな人とつきあっていくと**、人生のプラスが大きくなります。

20

距離感が遠すぎない

上司や先輩と自然体でつきあう時間を増やす

先輩や上司にどんなふうに接したらいいのかわからないので、つい距離を置いてしまう。何か話しかけられても当たり障りのないやりとりしかできない。

そんな新人がとても多いように思います。実は、**人との距離感をどう取るかというのは可愛がられるポイント。**

こんなふうに言うと気を悪くしないだろうかとか、自分がどう思われるだろうと、考えすぎて距離を取りすぎると何も伝わりません。だからといって、いつも近くでヨイショするというのではないのです。

先輩や上司に限らず取引先や社外の関係者とも、本当はもっと深く話したいけれど、どこまで入っていっていいかわからないというケースもあると思います。

そんなときに大事なのは**「自分をよく見せようと思わない」ということ**。ただそれだけです。それ以外には当たり前の礼儀やマナーを外さなければ、とくに気を遣いすぎなくてもいいのです。

とはいえ若いときは、どうしても相手に良く見られたいとか、なめられたくないという意識が働きます。私もそうでした。ただ、そこで格好をつけようとしていた時ほど、今から思えばかえって自分がうまく出せていないことが多かったように思います。

人との距離がうまく取れないと悩む人は、たいていの場合「自分がよく思われたい」と思うあまり緊張しすぎている状態。学生のころ、私は演劇もやっていたのでよくわかるのですが、自分のことに意識が向きすぎていると不自然な動きになってしまうのです。

どう思われてもそれは相手のことだから、自分はいつも通り自然体でいよう。そう考えると、不思議なぐらい緊張せずに普通に人と接することができます。

そうやってこちらが自然な感じで上司や先輩と過ごす時間が増えると、相手から理解してもらえるようになります。

人との関係をよくするには「時間」の共有が鍵。そのためには仕事以外でつきあう時間をつくることです。

最初から自分で誘うことにハードルが高ければ、同僚と一緒に誘うのでもいいし、その相手と仲のいい人に間に入ってもらうというやり方もあります。

できれば新人のうちは、一人の人に偏らずにいろんな人を誘ってランチをしたり、飲みに行ったりして距離感を縮めるようにしてみましょう。

21 宴会は全力で

自分のマネジメント力を鍛える

学生なら、苦手なクラスメイトでもみんなで一緒に活動する時間の中で、相手の意外な一面を発見したことがきっかけで仲良くなることもあるでしょう。

しかし社会人では苦手な相手は、何もしなければ苦手なまま。苦手だったり、どうアプローチすればいいのかわからなかったりする相手も、本当はお互いにプラスの影響を与えられる可能性を持っているもの。

そこで私がお勧めしているのは、飲み会やイベントの幹事を引き受けることです。いやいや、幹事なんて荷が重すぎると拒絶反応が出るかもしれませんが、皆さんも楽しい時間を過ごすのは嫌ではないはず。

変に自分が幹事をして、みんなからあれこれ言われたり、面倒くさい展開になったりするのが嫌なのだと思うのです。それならば、**自分がそういったリスクをコントロールしてしまえばいい。逆転の発想で幹事をやってしまう**のです。

自分が幹事をして、その会のコンセプトを決めて司会進行までコントロールすれば主体性を発揮してみんなに喜んでもらえるし、自分も気分がいいので一石二鳥。なにより**宴会の幹事は自分のマネジメント力が鍛えられます。**日時の決定、場所の選定、参加者集め、当日の会の構成、急きょ予定が入ってしまって遅れてしまう参加者が参加できるようなフォロー、突発的に起こることへの対応、仕事にも共通するさまざまな要素が宴会には詰まっています。

それらをこなして、みんなが「あいつが幹事でよかった」「楽しかった」と言ってくれれば、新人でもみんなにとってかなりチャーミングな存在になるはず。

自分はそんなタイプではないからと思う人も、周りにいる「うまい人」のやり方を見て真似してやれば、実はそんなに難しいものではありません。

「はじめに」でもご紹介しました、私のところで、ある上場企業の幹部候補の若い人を預かったときのこと。彼にはＣＥＯのカバン持ちをしてもらい、私の会食の場にも同席してもらっていろんなことを吸収してもらいました。

カバン持ちの彼は学校での成績もトップクラスで超優秀。誰もが、あいつはすごいと認めるのですが「人の気持ちがちょっとわからない」というところがありました。誰かが壁にぶつかって涙していても「何泣いてるの？　泣くだけ時間の無駄だから」という感じなのです。それでは、おそらく彼がリーダーになったときにメンバーの気持ちがつかめずに困るだろう。そう思って私のところで人間修業をしてもらったというわけです。

その中で、ある社員の送別会があったのです。

その社員は、管理部門のリーダーとして私が引っ張ってきたのですが、法務などの専門分野は強いけれど総務や人事などの管理部門全般をまとめるのは苦手で本人も苦しいなと感じていた。

そこで、途中から私と一緒に次のステップを探そうという方向に変わっていきました。そして私の会社からは去ることになったわけですが、決して「クビ」という状況ではありません。

もちろん本人の人間性の問題でもなく、単なるミスマッチというだけ。なので次のステップに向けて私が送別会を企画したのです。

本人には、私と一対一での食事会として伝え、ある一軒家のレストランを予約し、そこに来てもらいました。

食事の準備ができるまで、別の部屋で世間話をして、食事の部屋に入るとビックリ。一対一の食事会のはずが、他の都合のつく社員がみんな集まっていたのです。これは、私がこっそり声をかけておいた一つ目のサプライズでした。

食事が終わりデザートは別の部屋で食べましょうということになり、その部屋に入って待っていると、隣の部屋との仕切りが「ガラッ」と開き、そこにはミュージカル劇団「音楽座」のメンバーがスタンバイ。

この社員が音楽座がとても好きだということを聞いていたので、これも私が内緒で呼んで歌ってもらったのです。これが二つ目のサプライズでした。

温かく励まされるような歌声に自然に涙がこぼれます。本当に感動的な食事会になったのですが、その様子を見て密かに涙していたのがカバン持ちの彼でした。

彼は私のカバン持ちとして出張にも同行し、社外の会議にも出て、私のスケジュールが「うっ」となるぐらい詰まっていることも知っています。それでも、誰かのためにそこまでやるのだということに「こんなやり方ってあるんですね」と驚きながら感動したのです。

宴会に対して**自分が楽しむだけでなく、みんなを楽しませるために全力で行動する。**その姿勢は必ずあなたを成長させます。**宴会にはそうした仕事の素養を育むものがいっぱい詰まっているのです。**仕事と違って無限に楽しめるわけですから、こんなにやりがいのある役割はないのではないでしょうか。

22 関係ない人に悩みを相談する

想定外の感想で気づきをもらう

仕事をしていると「これはどうしたらいいのだろうか」という悩みが必ず出てきます。だからといって同じ職場の仲間にも相談しづらい。そんなときに自分と利害関係なく相談できる人を持つことをお勧めします。

社外の人なので、相談するといっても、当然自分の仕事で困っている状況を説明して理解してもらわないといけない。なぜ自分が悩んだり腹を立てたりしているのか。**状況を俯瞰して説明するプロセスで不思議に自分が冷静になれる**のです。

すると、たいていは自分がいかに小さなことで悩んでいるかということに気づきます。

自分で悩みを整理している間に自己解決するような感じですが、それも第三者に話そうとするからこそできるわけです。

また、自分と立場も年齢も経験も異なる人と話をすると、自分が想定しないような感想が返ってきたりします。私も若い頃にそんな経験をしました。

京王プラザホテル勤務時代、自分の会社への提案が通らずグレていたときがあるのですが、そのとき中小企業診断士の資格を取りました。

社外のいろんな人と一緒に学んだり、課題の実践をしたりしたのですがそのときに、**自分の周りにいないタイプの人に話を聞いてもらうとこんなに気づきがあるんだな**と思ったのです。

今も、半年とか1年に1回という感じで、いろんな人と会って自分が今考えていることなどを聞いてもらう場をつくるようにしています。

別に深刻な相談をするというのでもなく、よもやま話をして、そこで相手の反応や感想から勝手にいろんな気づきを得させてもらうのです。

反対に私のところにも、そうやって年に何度か話をしにくる人が何人かいます。

私自身がそういう場で気づきをもらっているので、私もその相手には遠慮せず思ったことを言うようにしています。

これはたとえるなら壁打ちのテニスをするようなもの。お互いに交替で相手の壁になってあげる。そうすることでお互いにメリットがあるのです。

そうした人間関係を築くというのは仕事においてのみならず、プライベートでも重宝するものになっていくでしょう。

悩みとは意外と他人に話してみると些細なもの、ということはよくあります。あなたの感じた悩みを同じように体験してきた人もいるのですから、解決もとても早くなる方法ともいえるでしょう。

23 一時期に集中してインプットする

短所や苦手を長所にできる

若いときに一定期間、集中してインプットすることで自分の知識ベースをつくることができます。

学生時代も試験勉強などで集中したことはあると思いますが、たいていは終わってしまえば流れてしまうもの。そうではなく、ずっと残ってベースになるものをつくるのです。

ベースができていないと、どれだけその上に経験をしても積み重ならずに「ただやっただけ」になってしまう。とくに、**自分が苦手で仕事をするうえで必要なことは新人のうちに集中的にインプットしたほうが絶対にいい**と思います。

今の世の中の風潮としては「短所や苦手なことは捨てて、長所や得意なことに集中すべし」という感じですが、**長所というものは増えないのです。けれども短所や苦手なものを得意にすることはできます。**さらに言えば苦手なものは今後も増える可能性があるわけです。

だからこそ新人時代に一つでも苦手は克服しておいたほうがあとで楽。ここで言う短所はキャラ的なものではなく、知識や経験で克服できるものです。22（P95）でもお話ししましたが、私が中小企業診断士の資格を取得したのも、弱点だった財務管理やマーケティングのことをまとめて勉強できるいい機会だと考えたからです。

とはいえ、私以外の勉強仲間もみんな社会人なので忙しい。そこで毎朝5時から7時までを勉強時間に取りました。そのときの先生がとんでもない人で、朝の5時に必ずメンバーの誰かの家に確認の電話をしてくるのです。誰の家にいつ電話がくるかわかりません。

携帯電話のない時代ですから、家の電話が鳴ったら家族に大迷惑です。2コール以内に取らないといけない。そのおかげで強制的に朝から勉強することができ、短期間に集中して知識を身につけることができました。

それだけでなく、自分が学んだことを自分で、まだ機能が貧弱だったパソコンを使いながら一冊の本のように体系化してまとめてみたのです。今から考えると、よくやったなと思いますが、そのときにベースをつくったことで、それ以後のキャリアでも非常に役に立ったのです。

どこかで自分に知識が必要になる時期は必ずくるように思います。その多くは自分に足りなかったことが浮き彫りになったときでしょう。そのときになって集中してインプットすれば、意外と自分の得意なものになります。

24

ミスから逃げない

叱られたらそこで修正する

新人は最初、誰でもミスをします。そこで注意や指摘を受けることもありますが、それはむしろ「関心をもたれている」ことの証。先輩や上司が自分もやってきたミスだから、その改善策を知っていて教えようとしてくれているわけです。

それなのに**注意や指摘をされないように何もしなかったり、うまく隠して逃げていたりすると逆に自分の成長の機会を逃すことになります。**

自分が前面に出ると、指摘されることも増えます。でも、それは悪いことではない。そこを避けているとミスが表面化しないので、できないことができないままで時間が経過してしまう。あとになればなるほど今さら聞きにくいことも増えるのですから、やはり新人のうちに指摘はたくさん受けておいたほうがいいと思います。

前述したように、私も在オランダ日本国大使館勤務時代は、たくさんのミスで公使から厳しい指導をされました。最初は苦い想いもしましたが、それも仕事です。どんどんやっていく中で**「叱られたらそこで修正しよう」**と割り切って考えたのです。

とはいえ、日本を離れて誰も頼れる人もいない環境ですから、叱られて嫌だと思っても帰る場所もないので逃げるわけにもいかなかった。結果的に、そのおかげで短期間にいろんな仕事を覚えることができたことを考えると、ミスから逃げないというのは大事なことなのだなと改めて思います。

もう一つエピソード。これは仕事ではありませんが、子ども時代のことです。近所に住む一歳上の男の子を、私があまりにからかったものですから、登校拒否にさせてしまうという〝事件〟がありました。

当時の柴田少年はどうもやんちゃで、自分ではそんなつもりもないのに怒られるようなことをたくさんやっていたのです。

それでも登校拒否はさすがにまずい。私の両親は私に「自分で謝って許してもらうように」と言ったのです。これは子ども心に辛かった。自分がやってしまったことの反省と自分一人で謝って責任を取らなければいけない辛さです。

それでも、逃げずに謝りに行きました。今にして思えば小さなことだったかもしれません。しかし**小さなことこそ逃げてはいけない**と思います。それからの自分のやったことから逃げない、無責任にならないための戒めの原体験になっているような気がします。小事は大事ということですね。

叱られる前は本当に不安なことばかりだと思います。頭の中がパニックになることもあるでしょう。しかし**腹を早くに決めて叱られれば本当にスッキリします。**

ですから叱られてスッキリする、くらいに考えて次にはしっかりと修正しましょう。逃げてはモヤモヤするだけですよ。

25

冗談の影響力を知る

考えてから言うことを意識する

その場を楽しませようと、冗談を言う。それは悪いことではないのですが、仕事の場や組織の中では、冗談のつもりがときに思わぬ方向に転がってしまうこともあるので要注意です。

自分が軽い気持ちで言ったことが冗談として受け取ってもらえなかったり、本意ではないところで勘違いされたりもします。チャーミングな存在になるという意味でも、そうなってはもったいない。

とくに、人をネタにして笑いを取るというのは無意識にやりがち。そこで本人が聞いたときに嫌な思いをしないかどうか。**人をネタにした冗談は内容や言い方によ**

っては聞かされたほうも後ろめたくなってしまいます。

もし、人をネタにするのなら、本人がその場にいても一緒に笑えて許せてしまえるようなものだけにしたほうがいいでしょう。

それなら自分をネタにしたものなら大丈夫かと言うと、そうとも限らない。

ある男性はチームの女性をなごませようと自分の恋愛失敗談を話しました。その場ではみんな笑ってくれたので「よかった」と思っていたら、あとから上司に「お前、チャラい男だと噂になってるぞ」と聞かされびっくりしたといいます。

しかし気をつけるのは冗談だけではありません。

別のある男性は、自分の上司からA社とのプロジェクトの担当者がかわったため状況が厳しくなっているという話を聞かされました。

たまたま、その男性がA社の担当者の上司とつながりを持っていたので、これは伝えておいたほうがいいのではと、その上司に状況を話したのです。すると、なぜか話が曲解して伝わり「プロジェクトを降りたいと聞いたが、どういうことか」と、A社の上司から、直接彼の上司に深夜に電話がかかってくるような事態に。

そのプロジェクトは先方の社長肝いりのものだったため、ここでプロジェクトが進まなくなったら責任問題です。その話は結局、誤解だったということで落ち着いたのですが、よかれと思って言ったことだとしても、思わぬ事態を招くことはよくあります。

もし、そうした話をするのなら、**最後まで自分が対応してハンドリングできる状況ですること**。そうでなければみんなを混乱させてしまいます。自分の言動の広がりを把握しておくことは必要なことです。

言葉の影響力というものを理解しておけば、思わぬ事故を招くこともないでしょう。

26 闇練をしよう

明日の自分を楽にするためにやる

上司や先輩から見て、明らかに一度失敗したものを「修正してきたな」と思えるようなことがあると「おっ」となるものです。

ここでのポイントは「やってますよ」とアピールするのではなく、気づかれないうちにできるようになっていること。**闇で練習するから闇練。**誰も見ていないところで練習をする。だからこそ相手が見たときにインパクトがあります。

私の一番の闇練は、本書の「はじめに」でもお話ししたように宴会場でサーバースプーンを使えるようになることでした。それよりも前には、大学時代のファミリーレストランでのアルバイトでの闇練です。

当時は今と違って注文用の端末もなかったので、お客様の注文を手書きでオーダー伝票に書き取っていたのです。そのためにはメニューと金額を暗記しておく必要がありました。

もちろん、メニューで金額を確認しながら書いてもいいのですが、それでは時間もかかるし、なんだかかっこ悪い。そこでメニューをコピーして持って帰り一晩で覚えるようにしたのです。

翌日、アルバイトに行くと、みんなびっくりしていました。まさか、そんなふうに闇練をしているとは誰も思いません。

闇練で大事なことは、周りを驚かせるためにやることではありません。仕事時間外の自主的な練習ですから、やるのは大変です。プライベートな時間を費やさなくてはならない。

ですが、それをすることで**明日からの自分を楽にしてくれる**のです。ここが大事なところです。

プライベートな時間は自分のために使いたいとお思いでしょう。闇練の優れた点は、**相対的に苦しい時間を少なくしてくれる**ところです。

一方、どこかで向き合わなければその先もずっと「あの作業があると嫌だな」という思いにとらわれる瞬間が出てきます。そういった「嫌なことが待っている」と思いながら過ごす時間のほうが、実は苦痛が大きいと私は思います。

「そこまでするなんて」と思うか、「そこまでするから仕事が身につく」ととらえるか。

皆さんが仕事の流儀を身につけ、どこでどんな仕事をするときでも困らないようになりたいと考えるのなら、絶対に闇練はしたほうがいい。強くそう思います。

27 なぜ叱られたのか理解する

叱られた状況を次に生かす

上司や先輩から厳しい指摘をされる、叱られる。誰だって、できれば避けたいと思うことです。

ですが本書でもお伝えしているように、入社1年目の新人のうちは、叱られることを怖がって何もしないことのほうがよくありません。新人は叱られてナンボなのです。叱っている上司や先輩も同じような経験をしてきているのですから。

ここで大事なのは、**相手が感情的に怒っているからといって、そこから逃げ出さないこと。**何かのミスで叱られて、その場から一刻も早く逃げ出したいばかりに、本当はできそうにないことを「やります」と空約束してしまうと自分が苦しくなるだけです。

そればかりか、その場はやり過ごしてもまた同じことをしてさらに叱られるのでは意味がありません。

とくに取引先が絡んでいるようなことで「本当に大丈夫なのか！」と厳しく追及されて「大丈夫です」と言ってしまっては、不利益を被るのは取引先です。それはしてはいけません。

もし、上司や先輩から叱られたら、まずは目いっぱい謝る。そこで言い訳はしないのが鉄則です。なぜなら、相手は「怒っている」わけですから、まずはそれを受け入れないと相手の怒りが収まりません。

そのあとで、**なぜ叱られたのかの本当のところをちゃんと理解する。**そこには時間をかけたほうがいい。そのときに考えるべきことは二つです。

何が相手の気分を害してしまったのか。

そして、**そうなった原因は何か、**です。

このとき、**どうして自分はこんなことをしてしまったのだろうと、自分のほうに**

意識を向けては駄目。そこには何も答えはありません。

多くの人が失敗して叱られると、自分を責めたり、なんで怒られないといけないんだと自分を守ろうとしたりします。反省することはとても大切なことです。しかしやりすぎても何も次につながらない。それよりも、相手の怒りは仕方ないと受け止め「事前に連絡していたらフォローしてもらえたのに、それをしなかったから怒ってるんだ」と、**適度な振り返りと客観的な状況判断で理解する。**

その思考と行動が次につながるのです。

28

言い訳との戦いに勝て

言い訳からは何も生まれない

優秀な人であればあるほど、どんな仕事の場面でも「何もやっていない」ということはないはずです。たとえ、そのときはうまくいかなくても「努力を怠っていた」という人は少ないでしょう。

それなのに、上司や先輩から「ちゃんとやってくれよ」というような指摘をされると「いやいや、待ってください。どれだけやったと思ってるんですか?」と、つい言い訳したくなる。その気持ちは痛いほどわかります。

上司や先輩からわかってもらえないことは、そのまま自分の存在が否定されたようにさえ感じてしまうかもしれません。

そのために「本当は、こういうふうにやるつもりだったんです」「こう考えてやっていたんですけど」という言葉が口をついて出てしまう。**自分のプライドが許せなくて、そんなつもりもないのに勝手に言い訳が始まってしまう**わけです。

しかし、厳しいようですが、どんなに言っている側は「本当にそうなのだ」と思っていても聞いている側からすれば、「言い訳はいいからちゃんとやってよ」と思われかねないのも事実です。

自分が思っているようには相手は考えない。とくに、いろんなミスやトラブルが起こっている状況では、こちらの言いたいことは一切通じないぐらいに思っておいたほうがいいでしょう。

では、どうすれば言い訳したくなる気持ちを処理できるのか。考え方を180度変えてみてください。自分から言うのではなく、**相手が聞きたくなるようにする**のです。

「どうしたんだ？　何があったんだ？」と相手から聞かれるようにする。ミスやトラブル、あるいは相手の期待に応えられなかったときなど**「何か事情があったのでは？」と聞かれるような自分になる**ということを目指すのです。

実は、私も外資系コンサルティングファームのマーサー時代に、当時の社長だった大滝令嗣さんから同じ経験をさせてもらったことがありました。

私が大滝さんから依頼されたある企業への提案を、忙しさのあまり片手間でつくってしまったのです。

電車での移動中、大滝さんは提案書をめくりながら、こう言いました。

「どうしたんだ？　柴田さんらしくないぞ」

注意を受けるより痛い言葉でした。

「いえ、すみません……」

そう答えるのがやっと。言い訳のしようもないのですから当然です。

最近では同じことを自分が言うようになりました。とある子会社の役員会議で、ある人からの提案がかなり不出来だったのです。その場が微妙な空気になる中で、私は「何か事情があるはずだ」と思い、その人にたずねました。

「言いたいことはありますが、それはいいです」という相手に「心配しているのだ」と伝えると、やはり「実は、こういうことになっていて」と、事の真相がわかりました。


これを私から聞かれる前に、本人から「こうだったので、こうです」と話してしまっていると、やはり周囲もいい印象を受けません。**自分からは言い訳はせずに、相手から聞かれて話すから、聞いた側も「なるほど」と素直に思える**のです。


もちろん、そうなるためには普段から「ちゃんとやっている」のが大前提。いつもいい加減なことをやっていたのでは、相手も事情を聞こうとは思いません。

私たちは、誰でも「言い訳との戦い」をしています。

「いつもお前は駄目だな」などと言われると、いくらなんでも「いつも」ではないと反射的に言い訳したくなります。

そこで負けてしまって言い訳をするのが習慣のようになってしまうと、チャーミングな存在から遠くなってしまいます。

皆さんも、何か相手のために伝えたのに、それを聞くよりも言い訳のほうが先にくるような人とはあまりちゃんと付き合いたいとは思わないですよね。

もっといえば、明らかに自分に非がないのに指摘を受けるような不条理な状況でも、言い訳はしないほうがベスト。なぜなら、わかる人にはわかるからです。ちゃんと見てくれている人はいます。

そんな人たちから、不条理な場面でも言い訳をしないあなたを見て「あいつはさすがだ」と思ってもらえるのです。

29

自分の感情に負けない

感情のコントロールを身につける

いくら年数を重ねても自分の感情に流されそうになることがあります。前項の言い訳より強敵です。これはもう永遠の戦いといってもいいかもしれません。

若いうちならなおさら自分の感情に負けて、相手に「キレてしまう」「言ってはいけないことが口から出る」ということもあるでしょう。**感情をコントロールするのは厄介ですが、できれば自分が折れて相手を受け止めたほうがカッコいい。**

１９８０年代にチャリティーソングの走りである『We Are The World』をリリースしたUSA for Africaプロジェクトがありました。ライオネル・リッチーらの呼びかけでマイケル・ジャクソン、スティーヴィー・ワンダー、クインシー・ジヨーンズといったそうそうたる大物アーティストが次々参加し、世界的な大ヒットを記録したユニットです。

このUSA for Africaのドキュメンタリー映画では、やはり個性的な大物アーティスト同士だけに途中で気まずい空気になるシーンもあったのです。

このとき、盲目のアーティストであるスティーヴィー・ワンダーがその空気に気づいたのか、メンバーにやさしく話しかける姿がとても印象的でした。そうやって、感情的ではない態度で話しかけられたことでみんなが「ハッ」と気づいたのです。

自分の感情をそのまま相手にぶつけても何もいいことはない。とくに若いときはメールやメッセンジャーの内容にカチンときて、そのまま感情的な言葉を返してしまうこともあります。そうなってしまうと火に油を注ぐことと同じで鎮火には非常に時間がかかってしまうのです。

もし、**そういった感情的になりそうなメッセージがきたときは、そのまま返さないこと**です。できれば一晩置いてから返すぐらいでもいいかもしれません。

あるいは、あえて返信せずに直接相手に意図を確認しに行く。近くにいる相手ならメールやメッセンジャーだけで解決しようとは思わないことです。私も経験上、そうやって事態がよくなったことはありません。

感情的にさせた相手に直接会いに行って話をするなんて、とてもできないと思うかもしれませんが、そんなことはないです。

きつい内容のメッセージが書かれていても、本人に直接会ってみると、案外そこまで怒っているわけでもなく、どう伝えていいかわからなかったというケースが多い。激情に流されて大切なことを見失ってはとても損だということですね。

30
相手に関心を持つ

あなたは誰に気を遣っていますか？

私たちが一番気を遣っている相手は誰か。実は**「自分」**です。

相手のことを考えているつもりでも、相手に「自分がどう思われるか」「自分の考えをどうすればわかってもらえるか」ばかり考えているのであれば、自分のことに一番意識が向いて気を遣っているのと同じ。

自分以外のことにいかに気を遣えるかを意識しないと、つい自分のことで頭がいっぱいになってしまいます。

とくに男性は、周りの人の状態が変わっていても気づきにくい傾向があるので意識が必要。オーラが弱っているとか、何か落ち込んでいそうだとか、疲れているといったように、どんな人もいろんなところに、その人の「今」が表れています。

表情はもちろん、持ち物や服、しゃべり方など、意識していればいろんなところにサインがあるのですが、気づかない人のほうが多いのです。

なぜ相手の状態に意識を向ける、関心を持つことが大事なのか。それは**相手に関心を持った数だけ自分自身の可能性も広がる**からです。

たとえば、取引先と食事に行くとき。相手のことに関心を持っていれば、相手の好きな食べ物、苦手な食べ物、どんな雰囲気の店が好みなのかといったこともわかります。これを無関心なまま行動してしまうと、相手を喜ばせるのが難しい。

相手を喜ばせることができれば、そこから新しいことも生まれやすくなります。つまり、**相手に関心を持つことは、相手に喜んでもらえることが増えて、いろんな広がりを生むきっかけになる**わけです。

たとえば私の場合、出張先の空港や駅でおいしそうなさつま揚げを売っていたときに「あの人、さつま揚げが好きだったな」と、ある人の顔が浮かんでその場から送ってあげることがあります。

何かを期待してというのではなく、ただ喜ばせたいだけ。そんなふうに相手に関心を持っていると、出会ったものといろんな人の顔が紐づいていきます。それは「付け届け」ではなく自分のアンテナが相手に向いている故の行動です。

私が、そんなふうに相手に関心を持つことの大事さを実感させられたのは、ホテル時代の経験が原点になっています。

ホテルの仕事は相手に対するホスピタリティがなければはじまりません。その人が望んでいることを事前につかんで提供する。それがホスピタリティだと私は定義しています。いいホテルは自分からアピールしなくても、さり気なくスタッフが気を遣ってやってほしいことをしてくれる。それがなんとも心地いいのです。

実は、このホスピタリティはどんな仕事でも大事なことです。自分が「こんなふうにしてもらうと嬉しいのか」という体験をするだけでも学びになります。

関心の第一歩は、**「自分がされたら嬉しいこと」を相手にもしたいと思うこと**と言えるでしょう。そうした気遣いは悪いようには伝わりませんから、ぜひ素敵なおせっかいをしてあげてください。

31 人のために汗をかく

細かな心遣いで準備する

この人は自分のためにここまでやってくれるのか――。

そんなふうに驚かされたり、感心させられたりするような経験があると、今度は自分もその相手のために何かしてあげたくなります。

これは心理学でも「返報性の原理」と呼ばれ、マーケティング手法でも「無料お試し」や「サンプル品プレセント」などでユーザーの期待を上回るようなことをすると、その後の成約につながりやすいとされています。

もちろん、仕事の関係性では最初からそんなふうに計算するものではなく、**相手のために相手の期待を上回ることをする姿勢はお互いにプラスになるもの**です。

取引先はもちろん、上司や先輩であっても、相手が考えていること、やろうとしていることを相手以上に考えてこちらが準備をする。そのためには、ある程度経験値がないと難しいようにも思えますが、新人でもできることはあります。

たとえば「明日の午前中までに頼む」と言われたら、その作業を朝イチで渡せるようにしておくようなことでもいいでしょう。

ほかにも、上司から取引先との会食のセッティングを頼まれたら、どんな雰囲気の会食なのかを上司から聞いてイメージして、個室がいいのか、カジュアルな感じがいいのかなどを考え、最適な場所をチョイスするというようなことでも十分。

そのときに必要なのは、**人のために準備する心遣いの細かさ**です。私が、その重要さに気づかされたのは在オランダ日本国大使館時代。時の総理一行が大使館に来訪することになり大慌てになりました。

そのとき、過去にそういった要人の受け入れ経験がある書記官が受け入れ準備に必要なタスクリストを作成してくれたのですが、その心遣いが非常に細かいものでした。

食事の手配内容から、ホテルの部屋の配置、移動のために乗る自動車の順番など、事細かに書かれたタスクリストは「ここまで考えるのか」というような内容だったのです。

事前に細かく考えて準備をするのは今も同じ。研修を行うときも机の配置やトイレの案内、開始までのＢＧＭなど細かく設定します。そうした事前準備をせずに現場でセッティングにまごついていると参加者が「この研修、大丈夫か」と不安になります。

参加者が部屋に入った瞬間に「今回の研修はすごそうだ」と期待を上回るように準備することで研修もうまくいき、参加者の満足度も高まります。

32

心地いいと思わせる人になる

「高感度」と「好感度」の掛け算を意識する

人にはそれぞれ、自分のテンポや波長があり、話をするときもそれぞれの声のトーンや空気を一緒にまとっています。

心地よさとは、そうした波長や空気に合わせて精神的距離感をうまくチューニングできている状態のことをいうのです。逆に言えば、人はそれぞれの持つ波長や空気を乱されると「心地悪さ」を感じるわけです。

やっぱり人と付き合うのなら、心地いいと思わせてくれる相手がいいですよね。

では「この人と話していると気分がいい」と思ってもらうには何が必要なのか。

まず大事なのは**「相手の話をちゃんと聞いている」ことを相手に感じ取ってもら**

うこと。相手に向けてアンテナが向いていることを示すことです。

相手の話に耳を傾けるよりも、どうやって自分の考えを知ってもらおうという姿勢だと、ちゃんと相手の方を向いていません。ちゃんと話を聞けていないので、ズレた質問をしてしまう。それでは相手にとってちゃんとしたコミュニケーションをしていないと感じさせてしまうでしょう。つまり「心地いい」とはなりません。

気の利いたことを聞こうとか、自分をアピールすることばかり頭の中で考えて相手と話していると「私が私が」になってしまって、おかしな空気が生まれてしまいます。

人当たりのよさなどは、生まれ持っての先天的なもののように思ってしまいますが、そうではなく後天的に誰でも意識すれば身につけられます。自分の表情を意識するだけでも相手の印象がずいぶん違うのです。

ですから**人の印象を決めるのは「高感度」と「好感度」の掛け算**。

常に自分の感度を上げていると、相手が言ったことに「こういうことですか？」と反応できます。高感度な反応が返ってくると相手にとっても話が広がるから嬉しい。しかしあなたの感度が低いと相手が何を言っても、あなたのほうで受信できず、相手にも響きません。やはり話は広がらず、なんとなくぎくしゃくした空気になる。きっとそんなご経験をなさった方は多くいるかと思います。それはあなたの低感度のためです。

そのうえで表情が豊かで声のトーンなども心地よければ「好感」が持てる。つまり好感度が高いということですね。

表情や声など大げさにお考えかもしれませんが、そんなことはないです。表情は も声も強弱をつけるだけで大きく違います。無表情で声に抑揚がなければ好感度はそれほど高くありません。

二つの感度の掛け算で「この人、感じいいな」となるわけです。

33 突出した何かを持つ

みんながやりたがらないことでもやる

突出した何かといっても技術や知識ではなく、もっとシンプルなものです。**朝に強い、力仕事が得意というようなことでOK。**

他の人があまりやりたがらないようなことを「やりますよ」と言えると、それだけで「いい人」「頑張ってるね」と思ってもらえます。つまりその分、他の人がもっていない何かがあなたの得意なことになるといえます。これにはとても価値があると思います。

それも入社1年目のような若いうちにやるから意味がある。中堅になってから、そこが目立っていると、あまりわかっていない下の子から馬鹿にされてしまうかもしれません。あるいは下の子の機会を奪ってしまうことにもなりますから入社1年目のときでなければできないことです。

私が京王プラザホテルに入って社会人1年目のときは、ワープロ作業を自分から「やりますよ」と手を挙げていました。

何をしたかというと、宴会部のステーションに貼ってある、さまざまな手書きの文書を少しでも読みやすいようにワープロで打ってリライトし新しく貼り直したのです。

当時はまだ「ワード」のような誰でも使えるソフトもなく、ワープロ専用機だったのですが、学生時代に芝居の台本を書くために自分でワープロを持っていたので、それを使っての作業です。

おかげで、ステーションも整理されて、必要な伝達事項もわかりやすくなったとみんなに喜んでもらえたのを覚えています。それから「ワープロ作業なら柴田」という印象を持ってもらうようになったと思います。これも「突出した何かを持つ」の一つの例のようにも思います。

というように書くと自主的なのですが、そもそものきっかけは副支配人からのひと言。

「柴田、これもっときれいな字で書き直してくれ」

そう言われたのですが、私は自分の書く文字にまったく自信がない。謙遜ではなく本当にちゃんとした立派な字が書けないのです。どちらかというと「マンガ字」のような感じになってしまう。

昔、ＮＨＫの対談番組に出演させていただいたときに、番組の最後に色紙を書くというコーナーがあったのですが、そこで私が書いた字にスタジオのみんなが若干引いているのを感じました。ですからやむなくワープロで作成したというわけなのです。

話は少しそれましたが、そんなふうにきっかけは何でもいいのです。入社1年目から、やりたいこともやりたくないこともたくさんやってみてください。**やり続けていれば、そのうち「飲み会といえば」「早起きといえば」などといったような異名を持つようになる**でしょう。それは言い換えればあなたの信頼にもつながるのです。

次ページのコラムでは私の今までの突出した何かを持つ、かつての部下だった3人のエピソードを紹介しています。当然のことながらその特長に優劣はありません。それぞれが自分の特長を持っていて、それぞれがとても魅力的な個性です。そうした〝これだけは〟と極めたものを持っているとそれが相手からの信頼になり、さらには言葉以上に伝わるものを持つことができるのです。

コラム2

今まで出会った、印象深い部下たち

過去に遭遇した私の印象に残った「優秀な」若者たちのエピソードです。

ここでいう「優秀」の定義は

①難しい課題をお願いしたくなる

②人に紹介したくなる

③その働きぶりにハッとさせられることがある

この３点です。

まずは、米国系コンサルティング会社時代、ナレッジコーディネーターという他にない役割を創設して採用したKさんのこと。

Kさんはリサーチスキルを活かして実際のクライアントにサービスを提供し、

リサーチ結果がどう活用されるかを見届けたいとして応募してきました。

コンサルティング会社にもかかわらず、コンサルタントとは違う役割での採用であり、他に同じ役割の人がいない、という状況だったので、早期に辞めてしまうのではないかと心配しました。とくに入社日の前日に参加してもらったチームのオフサイトミーティングの後の懇親会のカラオケがひどい展開。というのも某コンサルタントが「金太の大冒険」という、昔流行った曲を何度も何度も歌ったのですが、彼はニコリともしなったのです。当然ですね（笑）。

入社前で正式な社員でもなければ、軽いモラハラ気味のこの出来事に、〝こりゃいかん。週明けに来なかったらどうしよう……〟と案じていました。


しかしそれも杞憂に終わりました。それどころかその後の彼の仕事ぶりには驚かされました。

コンサルティング会社を強化するには経験と経験の共有だと考え、Kさんに属人性が高いコンサルティング案件をケーススタディ化することをお願いしたところ、自分で外部の勉強会に参加し、さらりとまとめてきました。

当時の彼はまだ20代。私が求めることを聞きだし、具体的な作業は自分で考え、自分でまとめてきました。しかも、指定した納期よりも早く。そうなると、次の仕事もお願いしたくなります。

こんなことを繰り返した後に、グローバルでもナレッジコーディネーターという役割の人間が出てきました（我々のほうが2年早かった！）。

彼にグローバルレベルでの交流をお願いしたところ、「英語ですよねー」と汗をかきながらもやっていました。

彼のすごさは〝やったことがないこと〟でも普通に対応するという姿勢です。

しかも、いつも納期前に仕上げてくること。この仕事に対するプロ意識に刺激を受けました。

次に思い出すのはNさん。

Nさんとは直接仕事をしたことはないのですが、会うたびに鮮烈な印象を残していきます。

Nさんはまだ30代前半の若さです。Nさんのお母様が某政策系シンクタンクのディレクターをしていらっしゃったご縁で知り合い、お母様から紹介されました。この母にしてこの子あり、という感じでした。

まず目がキラキラしています。私が関心をもっていることを即座にとらえ、持論を身振り手振り、パソコンの投影などを駆使して実に〝忙しく〟説明してくれます。こんな若者がいるのか、と思わせる熱量です。

その後、しばらく音沙汰がないと思っていたら、ロシアにシリコンバレーのような場所をつくる案件に飛び込んで活躍していたり、さらには某著名経営者が主催するアカデミアで優勝して、その方の側近業務をしていたり、まあ八面六臂の活躍。

先日、2年ぶりに訪ねてきたところ、現在時間をつかっているのが「写経」とのこと。写経とは仏教において経典を書き写すことです。

Nさんの場合、経典ではなくアメリカの先進的な学術論文を徹底的に写しているとのこと。写すなんていうばかげたことをやっているのは世界中でも自分だけだろうと笑います。しかし、この写すプロセスを繰り返しているうちに著者が乗り移って、まさに自分の知識として活用できるようになったと言っていました。

Nさんのすごさは、物事や人に向かうときの「熱量」です。その熱量は一緒にいる相手を着火させます。かつて勢いがあり、いまは円熟した、というような高齢の経営者たちがいちころです。自分の若い頃を彷彿させるのでしょう。

私もNさんの熱量を少しでも感じてほしいので、機会があると同世代の若者に引き合わせることをしています。

最後に紹介するのは、いまパスで一緒に経営にあたってもらっているTさん。

Tさんとの出会いはCCC時代にCCC全体のバリューチェーンを整理しようとしていたときです。当時、某外資系戦略コンサルティング会社を雇って進めていたのですが、その切れ味が悪い。どうしたものかと悩んでいたところ、コンサルタントのインタビューを受けていたTさん（当時はTSUTAYAの戦略担当）が〝自分にやらしたほうが速い〟と言ってきたのがきっかけでお願いしたのですが、見事その通りでした。

当時Tさんは30代の前半だったと思います。コンサルティング会社で多くの優秀な若者を見てきた私ですが、Tさんのアウトプット作成能力は秀でていました。その後、TさんはCCCを辞めて起業。彼から遅れること2年して私がIndigo Blueを創設し、コンサルティング案件を進めていく中でTさんに協力を求め、その後、Indigo Blueの取締役、現在のパスのCOOという重要な仕事をしてもらっています。

Tさんのすごさは〝キャッチアップ能力〟です。わからないことがあるとすぐに調べ、勉強し、自分のものにしてきます。最近では人間関係の問題もこの〝キャッチアップ能力〟を活かして対応しています。まだアラフォー。どこまで成長するか、楽しみな人材です。

こうして見ていただけると、**上司に一目置かれる部下というのには目を見はる何かがある**ということです。しかし特別なものが必要なのではなく**自分が絶対に負けないものに挑戦することが重要**なのではないでしょうか。そうした姿勢こそが成長につながり、上司のあなたを見る目も大きく変わっていくのです。

34 新人でも根回しをする

誰かの「聞いてない」をなくす

根回しの文化は否定的な文脈で見られることが多い。「日本人だけですよ、そんなことに時間をかけるのは」という人もいますが、そんなことはありません。

実は、**根回しは世界中どこでも共通の文化**です。

物事が進まない最大の要因は「聞いてない」というもの。**自分が聞いていないのに勝手に物事が進んでいると、たいていの人は機嫌をそこねたり、ネガティブになったりします。**

事前に相手の耳に少しでも入れておくのはとても大事なこと。当事者からすれば、いきなりそんなことを言われても困るものです。より事前に話を聞いていればいろいろ考えることもできますよね。

こうした情報は相手が受け取るタイミングも重要です。他の人よりも前に受け取ってもらうことで「自分が大事にされている」と感じてもらうこともできます。メールやグループウェアなどがなかった時代は、そうした情報の出し方で人をコントロールしていました。

システムやネットワークが整った今も、そうした本質は変わらないはず。

「君には特別に言うけれど」と耳打ちされると悪い気はしません。

この人に動いてもらいたいというようなキーパーソンであれば、なおさら会議でいきなり言うのではなく事前に根回しをしましょう。

そこで**物事を進めるときに使えるのが「RACIチャート」というフレーム**です。

R＝レスポンシブル（誰がやるのか）

A＝アカウンタブル（責任者は誰か）

C＝コンサルティッド（誰に相談するのか）

I＝インフォームド（誰の耳に入れておくのか）

の4つを意識して動くこと。

たとえば、企画の提案書をチームで作成するにあたり、提案の方向性を決めるのはAさん、その企画を管理するのはBさん……とRACIに沿った役割を表にして次々に明確にする。

物事が進んでからネガティブサプライズが起こらないようにするには、この4つのポイントを事前に押さえておくことです。

そんなのスマートじゃないなと思う人もいるかもしれませんが、**何事も人が関わっている以上、会議の場だけで一発で決まるようなことはほとんどありません。**難しい案件であればあるほど根回しの有無がはっきりと効いてくるのです。

35

情報を鵜呑みにしない

情報は「事実」と「解釈」の組み合わせ

「こんなこと聞いたんだけど知ってる？」と、ちょっと驚くような情報を耳にしたとき、皆さんはどう受け取っているでしょうか。

そのまま受け取っているとしたら、ちょっと注意が必要です。情報には一次情報と二次情報があります。一次情報は自分の目と耳で直接確認したこと。二次情報は誰かが編集したもの。

ネットでも雑誌でもテレビでも、世の中の情報のほとんどは誰かが間に入っている二次情報です。ということは、そこにはいろんなバイアス（偏り）が入っているのは当然。

そのまま受け取るのではなく、これはどんな人がどんな意図でそう伝えているのだろうと一度自分の頭で考えてから受け取るようにしたほうがいいのです。

ネットの記事でも新聞でも、受けた情報を「ふーん」と読むのではなく、これにはどんな意味があるのだろうかと考えてみる。社内で耳に入ってくる情報も、人を介するごとにその人の「解釈」がそこに紛れて入ってきます。

すべての情報は「事実」と「解釈」の組み合わせで伝わります。人から聞いた話には、そこに解釈が二割は入っていると普段から思ったほうがいいでしょう。たくさんの人を経由して伝わってくるものなら、さらに解釈の割合は大きくなる。その情報の本当の姿はもう見えません。この情報には、いろんな解釈が入っているなと感じたら、そもそもこの話はどういうことなのだろう？　と話の原点を考えてみるのです。

噂話などは確実にバイアスがかかっているので注意。興味をそそられる話もニュートラルに受け取って「それは、この人がそう思ってるだけなのでは？」と考える姿勢は絶対に必要です。

だからといって、誰からの噂話も聞きません、そういう話はしないでくださいとシャットアウトするとコミュニケーションに問題が出てきます。何事もバランスが大事です。聞くことまではやめなくてもいいのですが、そのまま受け取って行動してしまわないほうがいいでしょう。

それは仕事も同じことです。

上司がこう言ったから、クライアントがこう言ったからとそのまま言われた通りにやることも大切ですが、それではあなたの仕事ではなく、他の誰かがやってもいい仕事になってしまいますね。

原点に戻って、その情報や話の当初の目的や方向性などに立ち返ることはとても大切と思います。

36 努力がうまくいかないことを知る

全体を見ながら努力する

努力は大事です。これは当たり前……なのですが**最大限の努力をしてもうまくいかないこともある。このことを知っておくのも大事です。**

努力は必ず報われるというのは仕事のうえで短期的にはあまりない。むしろ「こんなにやったのに」と思うことのほうが多い。そういうものです。

だからやらない、もうやりたくないなとなってしまうでしょう。しかしそこで、そういうものなのだと知ってやっていくと自分の判断に深みが出てきます。

私がそうした努力の本質に触れたのは高校生のときでした。

埼玉県の川越高校というところで音楽部に入っていたのですが、そこの男声合唱団は過去にＮＨＫ全国学校音楽コンクールで優勝もしている伝統ある音楽部でした。1年生で入部した当時は低迷していましたが、小高先生という素晴らしい指導者が入ってこられて急激に復活したのです。私は2年生のときに副部長、3年生で部長をすることになりＮＨＫコンクールにも出場。

周囲からは優勝の最有力候補と言われ、演奏も完璧でみんなから「おめでとう」と言われるぐらいでした。

しかし結果は優良賞（3位）。

「えーっ」と思って結果が受け入れられない。部長として、こんなに努力して練習もしてみんなをまとめたのにという想いもあり、非常に悪い態度で授賞式に臨みました。

後から聞いた話では選曲がよくなかったということでした。ソーラン節を演奏したのですが、もっとピアノで引き立つような曲にしたほうが、他の高校や過去の受賞歴を見ても評価が高かったのです。

このときの後味の悪さはよく覚えていますが、よく考えると**すごく努力している**

のはみんな同じ。そこに気づかずに自分の努力したことだけに囚われていると、全体が見えなくなってしまいます。自分に足りなかったものや今後の指針に良い影響を与えられずに終わってしまうでしょう。

しかし努力をしたことは紛れもない事実です。失敗しても、叶わなかったとしても努力をしたことは何も変わりません。そこで全体が見えていないと、せっかくの努力が無駄になったり、空回りしたりする。つまり努力をしても意味がない。そこで努力をやめてしまう。結果として努力が実らなくなってしまうのです。

努力は叶わないかもしれない、しかし、それは「今」だから。今無理だったとしても「次」が皆さんには平等にあります。努力は希望に続く道ですから自分を信頼し続けることが大切です。

37 他部署と連携する

部署を超えたつながりを持つ

新人は部署に配属されると、そこが「会社」という感じになりがち。ですが、会社は自分の部署だけでなく、いろんな他の部署も含めて動いています。

そのことを意識しておくことも大事です。たとえば、**社内であいさつするときも自分の部署の人だけでなく、知らない他部署の人にもあいさつしたほうがいい。**自分ではよくわからなければ他部署に配属された同期から教えてもらいましょう。

それを嫌がる上司がいても、そういう人は心が狭い人なので気にする必要はなし。こういうことも新人のうちにやったほうがいいのです。

もうすぐ役職だというときに急にいろんな部署に近づくと「政治的」な感じに受

け取られてしまうかもしれませんが、新人ならいろいろ顔を出しても大丈夫。

他の部署の飲み会にも「話をしたいので入れてもらっていいですか?」と笑顔で入っていくぐらいのほうがいいでしょう。そういう意識と行動をしていると、いろんな場面でのちのち役に立つからです。

マーサー時代の私も経験があります。当時は世界で約1万6千人のコンサルタントがいたのですがワールドワイドパートナーは世界で200人。その人たちが年1回集まる場があり、私もパートナーの一人として参加していました。

だいたい4日間ぐらいで、アカプルコやバリといったリゾート地で開催されるのですが初日と最終日が会議で、間の2日はみんなでテニスをしたりクルーズしたりして遊ぶのです。

この遊びが非常によかった。なぜなら一緒に遊びながらいろんな人となりがわかるからです。そのあとで、たとえばブラジルの案件で誰か人がいないかなというときに、通常ならディレクトリ(住所録)から探しますが、一緒に遊んだ仲間がいれば「あいつだ」と顔がうかんで、フレンドリーに連絡ができます。

世界中、どこで何をするにも人間関係がベースです。そのときに、自分の周囲の人間だけでないつながりを持っていると、いろんな場面で手伝ってくれる人が出てきます。

仕事だけでなく、仕事を離れたときにも一緒に過ごす時間を持っておくことはとても大切です。仕事を離れた場では、ふだんは見られない相手のいろんな〝顔〟を間近に見ることができるからです。単純に友達の輪は広がるでしょうし、**「この人とは個人的にも付き合える」と感じる相手のほうが、オフィシャルで、とくに大事な場面になったときでも信用することができます。**これは本当にありがたいことですよ。

そのためにも新人のときから、部署を超えて、仕事の関係も超えた付き合いをしておくと大変役に立ちます。

38 「ありがとう」の反対語は？

いいことは2割増しでやってみる

人から何か自分のためにやってもらったとき「ありがとう」と伝えますよね。では、この「ありがとう」の反対語は何か言えるでしょうか？

答えは「当たり前」。

「ありがとう」という場面なのに、それが出ないのは、自分のためにやってもらっていることを「当たり前」と思ってしまっていることになります。

自分のために人が何かしてくれるのは、当たり前ではないことをしてくれるからありがたいわけです。

上司や先輩から見れば、新人や若い人が気を利かして「普通ではないこと」をやってくれれば、それはやはりとてもありがたい。

たとえば、こんな資料があると午後からのミーティングで助かるんだけどな、と考えていて、そのミーティングがあることを知っているメンバーから「資料まとめておきましたよ」と言われたりすれば、それは大変ありがたい。

周囲の動きを見て、その人が助かるようなことをこちらからするのは、若いときほどやりやすいのでぜひやったほうがいいのです。

やったほうも「もうできてますよ」と伝えて喜んでもらえると嬉しい。相手に喜ばれて評価もされて自分のモチベーションにもつながるのですから一石三鳥です。

逆に、**自分が誰かから何かをしてもらったときも、多少喜びは盛って伝えるぐらいでちょうどいい。**なぜなら相手が「いや、そんなたいしたことしてないよ」と、こちらの意図を間違って受け取るからです。

あまり盛りすぎるとわざとらしいので、2割増しぐらいでしょうか。何かをしてあげて2割増しぐらいでいつも感謝されると、また今度もやってあげたくなります。

ところが優秀と言われている人ほど、この「ありがとう」が言えない人が多い。

なぜなら自分の基準が高いので、少々のことはやってもらって当たり前と思っている節があるからです。これでは社会人としてはうまくやっていけません。

いくら仕事ができたとしても、やはり「ありがとう」が伝わってこない相手はチャーミングではない。

関心については前項でも述べましたが、「ありがとう」という行為をしてくれた相手は、当然のことながら、あなたに〝関心〟があるということです。その関心を当たり前と思い、自分にやってくれていることが見えなくなると、その人の社会人としての成長は頭打ちになります。なぜなら、昇進なども含めて社会人としての成長は、自分以外のいろんな人のことにも気を配って、人のためにも何かしてあげられることとセットだからです。そういう人だからこそ、上の立場に立ち、より影響力の大きな仕事を任される。人はそれをリーダーシップと呼んでいるのです。

何をやってもらっても「当たり前」、ありがとうと思えない人は、周りから人間的に評価されないので、仕事は頼まれても他のことでは声がかからず結果的には伸びないのです。

39

何でも習慣にする

毎日やることで考えずにできるようにする

今までやっていないことをやらなければいけなくなった。新しいやり方に変わった。何でもそうですが「新しいこと」は新鮮な反面、やはりストレスもあります。

そんなときに有効なのは、**新しいことを早く日常の中に入れてしまって普通だと思えるようにしてしまうこと。**朝、顔を洗ったり、歯を磨いたりするように習慣になってしまえば、とくに意識することもなくなることと同じことです。

とはいえ、そこまで持っていくのが大変ですよね。

私が昔やっていたのは、新聞の社説を200字や400字でまとめるという習慣です。人に何かを伝えるには、要点をわかりやすく簡潔に、しかも相手に関心を持ってもらえるようにしなければいけません。そのトレーニングとしてやったのです。当時、私は京王プラザホテルで人事部に在籍していました。会議に出るとメモを取らずに全力で内容を覚えることをしていました。

そのあとで、会議の内容を上司に伝えるわけですが、すべてをそのまま文字にすると読むほうも大変。そこでシャープな文章でまとめる必要に迫られたわけです。このとき、ある方から「文章は短文で書きなさい」と教わりました。短文の積み重ねで長文にすれば読みやすく、伝わる文章になる。なるほど、と思って社説をまとめることを習慣にしながら身につけたのです。

このときの経験が、今の私のいろんな場面で文章を書くベースになっています。**毎日、というと「大変」と思うかもしれませんが、実はそうではないんです。毎日やるから大変ではないのです。逆に、たまにしかやらないとなるとそのほうが大変です。**

今もメルマガを毎週1回、13年間ほぼ休みなく書いていますが、1500字ほどの内容もまったく負担ではありません。一度、習慣を体の中に入れてしまうと筋肉のように鍛えられてしまうので、わざわざやろうとしなくてもできてしまう。自転車に一度乗れるようになれば、しばらく乗らなくても乗れてしまうのと同じです。

このような話をすると真面目な人ほど「どんな目的を持ってやると長続きするのか？」と考えるのですが、目的はあまり考えなくてもいいのです。

あえて長続きするコツをあげるとすれば「ただやる」ということ。

歯磨きの例をたびたび出しますが、歯を磨くたびに「歯周病にならないために磨こう」とは、普通は考えません。

とくに何も考えずに、ただただやることを続けていけばやがて、やることが当たり前になっていくものです。

40 仕事ばかりしてはいけない

新たなインプットを心がける

仕事は「インプット」「スループット」「アウトプット」の組み合わせです。インプットして入ってきたものを、自分なりに整理して組み換え、新たなかたちにしてアウトプットする。

そうやって自分の中にスループットという「型」をたくさんつくって、いろんな仕事に対応できるようにキャリアを築いていくわけです。

そのためには、いろんな種類の刺激が必要です。**同じところで同じものしか見ていなければ、新たなインプットがなく「こんなことに使えるんじゃないだろうか」というスループットに必要な蓄積ができない**からです。

仕事ばかりしていると、そういう新しいインプットの時間がつくれません。できれば、今見えていないような別のいろんな場所に行ったほうがいいのですが、長時間労働しかしていないとそれもできない。

けれども「現実はなかなか忙しくて」という人も多いと思います。私もそうなのですが、どうしても仕事に埋もれてしまっているときは、**あえて途中で「仕事をやめる」ことをしています。**

本当なら食事を摂る時間も惜しいというぐらいに追われていても、一旦手を止めて食事に出たりするようにしているのです。

なぜ、時間がないのにそんなことをするのか。

仕事とは際限がありません。やろうと思えばどこまでもできてしまう。それに長時間ずっとやり続けていると、ちょっとしたミスにも気づきにくくなってしまいます。第一、疲れてきますよね。

そんなときは、**まったく別のことをやって脳に新たなインプットで刺激をしてやったほうがかえって疲れないのです。結果的にアウトプットの質もいいものになり**

ます。

先にも述べましたが、明日までにやらないといけないというときも、徹夜するより途中で少しでも寝たほうが脳は復活できます。もちろん、だからといって仕事の手を抜くとか、締め切りを守らないのは論外。

そうではなく自分の生産性と質を上げるために、仕事をしながらでも仕事以外のことをやることが必要だということですね。

41

執念と執着の違いを知る

自分が自分が、という執着を捨てる

皆さんは「執念」と「執着」の違いを理解できているでしょうか？　どちらも似ていますが、実はまったく違う性質のもの。

「執念」は自分の目的達成のために何でもやっていくこと。自分の考えややり方は一旦脇に置いてでも目的達成のために行動できるのが執念です。

それに対して**「執着」は、自分の考えややり方を押し通すことだけを考え、そこだけにこだわってしまうこと。**

多くの優秀な人は、自分の「執着」が強いので、目的や結果よりも自分の考えが通るかどうかのためにいろんなことを発言し、そういう状況をつくろうとしてしまいがち。そのために物事が進まないケースも少なくありません。

執着している姿は、一歩引いてみたときにはとても「小さい」感じがします。物事を成就させるのに、むしろ執着心は邪魔になるのです。

私の場合、あまり自分の考えややり方にこだわりがありません。割り切りが早い。これは長所でもあり短所でもあるのですが。微妙な物事にはこだわりますが、絶対にこれでなければ駄目だというものはあまりない気がします。

ファッションもその時期に合っているものなら、とくに何でもいいという感じです。

たまに、ものすごく執着心が強く、昔のことを折りに触れ、持ち出す人がいますが、そういう人は人間関係的にも厳しい。あまりうまくいっている姿を見ません。

自分の意見ややり方とは合わなくても、結果として問題なければそのことはもう忘れるぐらいでちょうどいいと思うのです。そういう意味でも、人間の「忘れる」という力はすごい能力だと思います。

もっと言えば、**自分が人のためにやったことも忘れていい。**これは幻冬舎の見城

徹さんから教えてもらったことですが

「自分で汗をかきなさい」

「手柄は誰かにあげなさい」

「それ（あげた手柄）を忘れなさい」

自分がやってあげたことをいつまでも覚えていると、それが執着になってよくない。

自分への執着も早く捨てたほうが、次の新しいことが生まれやすいのです。

42 上司にフィードバックする

相手が聞きにくいことをこちらから伝える

器が大きい上司や先輩であれば、誰からという相手に関係なく、いろんなことをフィードバックしてほしいと考えています。

あまり相手を気にしすぎて「言わない」というのは仕事ではよくありません。気づいたことは積極的に言ったほうがいい。その内容が経験不足のためにズレていたとしてもいいのです。

フィードバックをするという姿勢を持つことは、上司や先輩と同じ目線で物事を見ることにもつながります。上司が何かを発信したり、プレゼンしたりするのは、その相手が社内であれ社外であっても目的は同じ。その相手に何らかのアクションを取ってほしいからするわけです。

それがもしうまくいっていないのであれば、部下であるあなたのほうから「自分としては、こんなふうに感じました」とフィードバックしてもらえるのは上司としては助かります。本当に上に立つべき上司ならそれを「ありがたい」と思える器があるはず。

仮に、伝えた内容で上司がカチンときても、あとから時間が経てば「言ってもらえてよかった」と思うことのほうが多いのです。これは私もたくさん経験していきます。


上司や先輩だからあまり言えないというように、物事を縦の関係で捉えていると見えるはずのものも見えなくなる。たまたま役割が「上司」というだけなのですから、極端に言えば「親戚のおじさん」ぐらいに思えばいいのです。必要以上に何も言わないと、自分の存在が埋もれてしまいます。

こんなことを言うと、逆に怒られるんじゃないか。そう思って言えないという人も多いのですが、実は上司や先輩のほうから「気づいたことがあれば言ってほしい」とはなかなか言えないもの。

ある新入社員の女性は、自分が何か言うたびに先輩がきつくあたってくることに悩んでいました。自分がわからないことや気づいたことを確認するために言っているのに、それが合っていたとしても「前に言ったでしょ」と言われる。

本当にそれでいいのかどうか不安だから確認したのに、そんなふうに言われてしまうともう何も言えなくなるというのです。

私は、その話を聞いたときにこう言いました。「その先輩は相当大変で追いつめられてるんだよ。自分に余裕がないのかもしれないよね」と。

実際、その先輩も限られた人数の中で成果を求められ、新人の育成もしなくてはならないので大変なのです。そんなふうに**見方を変えてみると、自分が言われたことの受け取り方も少し変わってきます。**

そもそも同じ組織で一緒に仕事をする関係で、根本から「こいつを攻撃したい」と考えている人はそれほどいません。それなのに、いろんなフィードバックをしても、とげとげしいというのは他の要因がそうさせているということ。

それぐらい、その上司や先輩は大変なのかもしれない。そんなふうに部下のあなたが思ってあげると、何かその大変さを減らせることも思いつくかもしれませんよね。

上司や先輩の大変さを少しカバーしてあげられれば、自分も周りの人も楽になります。

それに、きつい口調でものを言ってしまった相手も絶対に心のどこかで「きつく言ってしまった」と思う瞬間はあります。これは私にも覚えがあります。

もう○○さんとは口がきけないと思うのではなく、こちらから出向いて「この前は忙しいときに負担かけてすみませんでした」と言ってみましょう。

相手も、どこかで「悪かった」と心に引っ掛かっているわけですから、こちらからそう言われると気持ちが楽になるはずです。また自分の気持ちを楽にしてくれた相手には、そうそう冷たい態度はできないものです。

ただ、立場上、上司や先輩から「悪かった」とは言い出しにくいだけなので、何か言われたときは時間を置いてから「あのときは、すみませんでした」と言ってみる。

上司や先輩へのフィードバックの仕方には、こんなやり方もあるのだということを知っておいてほしいと思います。

43

自らリーダーとなる

自分がどうしたいかを発信する

新人もいずれは自分の下に新しいメンバーが入ってきて、彼・彼女たちのリーダーとしての役割を担うようになります。

そのときになって、自分がどうしたいのかわからない、何もアクションを起こせないというのではよくない。

新人のうちから「自分がどうしたいのか」を聞いてもらえる場をつくったほうがいいでしょう。

それも人事の面談や定期的な面談の場ではないほうがいい。なぜなら、そうした面談の場は聞くべきことが決まっているからです。みんなに同じ質問をしてそれに答えていくことが多いので、そこから外れた話はしにくいからです。

　何もなくても自分から「ちょっと話を聞いてもらっていいですか？」と上司に声をかける。そこで時間を取ってもらって話すのがリーダーとしての第一歩です。リーダーは自分で状況を変えていくための行動を起こせないといけないわけですから。

　そこで話す内容が、まだまだ未熟でも構わないのです。

　上司から「君はどうしたいんだ？」と聞かれて答えるのと、自分から「こうしたいんですけど」と話すのとでは、何かあったときに名前と顔を思い出してもらえる度合が違ってきます。

　このとき評論家になっては駄目です。「こうなったらいいですよね」と言うのは評論家。「こう思うので、こうやってみました」「こんなのはどうでしょうか？」と言えるようにするのです。

　自分の周りでこんな課題があったので、サンプルとして解決策をつくってみましたというように行動が伴っていると「おっ」と思われます。

　多くの人は「ここが課題なんですよね」で終わっているので自分でできることと

セットで話をすると相手の見る目がずいぶん違うわけです。

もし、同じことをすでに業務として誰かが考えていたり取りかかっていたりするなら、その人に自分のアイデアも使ってもらうのがベター。勝手にやってしまうと顔を潰された、あるいはせっかくやっていたものを奪われたと思われてしまいます。

評価されている先輩から「新人の子のアイデアなんだけど」と言ってもらえたら自分だけでやるよりも周囲への影響力も強くなります。

44

無理な背伸びはしない

できないときはできないと言う

「頼んでた例のやつ、もうできそう?」
「あ、すみません。ちょっと無理そうです」
「えっ?　早く言ってよ」

皆さんは、こんなやりとりをしていないでしょうか?　上司や先輩が一番困るのが、こんなふうに「やります」と言っていたことが直前に「やっぱりできません」と言われること。

新人や若いうちは、頼まれたことを即答で断ると自分の評価を下げてしまうと思って、そのときは「あ、はい」みたいな曖昧な返事で「やります」と言ってしまいがちです。

ところが実際には、それをやる時間も力量もまだない。仕方ないので適当なやっつけ仕事で出してしまう。最悪です。

できないときは「すみません。できません」と言うこと。口にしなくても、早めにはっきり言ってもらったほうが代替手段を考える時間があるので上司は助かるのです。

自分ができないときに「いつだったらできます」とか「○○さんならやれると言ってました」というように参考情報もセットで付け加えるとなおいいでしょう。

それでも上司は、難しいことをわかっていて新人の教育のためにやらせてみようと考えているケースもあります。

そのときは「自分は今、こういう状況なのでここまではできないけれど、ここまでならできる」という判断ができると、自分のマネジメント能力があると見られるので逆にプラス評価されます。

それを「できません」「無理です」のひと言でバッサリ切ってしまわれると、育てようという気持ちが萎えてしまいます。

本当にできないときは「できない」と早く伝えることが大事ですが、少し頑張ればできるかもというときは、自分で条件を設定してやってみることも大事です。

ストレッチゴールという考え方があるように、人は今の実力よりも少しだけ上に目標設定することでベースの力が上がっていくのです。

45

目的をはっきりさせる

「何をするか」と「何のため」をセットで考える

仕事の指示を受けたときに「何をするか」という、やることそのものは考えると思います。ですが「何のためか」という目的をセットで考える人は少ない。

仕事ができる人は、ただ仕事の指示を受けてそれを実行するだけでなく「何を目的に指示を出しているのか」も一緒に考えています。

資料作成なら「この資料を読むのは誰か」「何を目的とした資料なのか」「ただの配布資料なのか」「それとも判断を促すためのものなのか」といったことも考えて、ゴールをイメージしながらつくるのです。

そのためには「質問」が必要です。指示を出した相手と対話しながら、ゴールイメージを共有するわけです。

このとき、押さえておきたいポイントが二つあります。一つは「ピール・フォー・ゲイン」と呼ばれるもので、得たいものは何かという視点。もう一つは「ピール・フォー・ペイン」で、避けたい損失は何かという視点。

ピールとは「皮をむくこと」。〝それを放置したらどうなりますか？〟や〝それで？〟とどんどん皮をむくように本質を探っていくのです。

これをやることで**どんな結果を得たいのか、この課題をクリアできないとどんな損失があるのかを押さえて物事を進めることができる。**それがとても大事なのです。

ときどき「目的」の意味をはき違える人もいるので、そこは気をつけないといけません。指示を受けたことに対して「それ意味があるんですか？」と自分の知識や経験値だけで判断して「やらない」「やりたくない」を前提にものを言ってしまうケースです。

やることの本当の目的が見えていて、目的とはズレていることがわかって、そのうえで言うのであればいいのですが、何も見えていないのに勝手に無駄な作業だと思ってしまっていてはいけない。

そうではなく、**きちんと相手と対話をして目的を確認することを忘れてはいけません。**

とはいえ、新人のうちは、いろんな人からいろんなことを頼まれることも多いと思います。すべてに応えるのが難しいときだってあるでしょう。

そんなときは「自分はこんなに忙しい!」とアピールするよりももっといい方法があります。それは「自分はできるだけいい仕事がしたい。けれども、今の状況はこうなので、ここまでならできる」、あるいは「これぐらい時間をもらえればできます」と相手に伝えることです。

そうすれば自分も目的を改めてはっきりさせられますし、事を頼んだ側の相手も、その目的と照らし合わせて「それならここまでやってもらえれば目的は達成できるな」「今回は他の人に頼もうか」といった判断がしやすくなります。

どんな場面でも、目的は共有することが大切ですね。

46

お金の感覚を持つ

何のためのお金かを意識し続ける

個人の金銭感覚にあれこれ言うのはナンセンス。それぞれの価値観でのお金の使い方があってもいいと思います。

ただ、最近思うのは「安物買いの銭失い」というのは本当だということ。ネットで何でも手軽にモノが買える時代ですが、やはりちゃんとしたものは少々高くても長く使えるので結果としては得なことが多い。

これは仕事にも共通することですが、**何のためにお金を使うのか＝投資をするのかという感覚を常に持っているのと持っていないのとでは、そこから得られるものが違ってくる**のです。

一つのヒントとしては、**自分のためよりも周りの人のためにお金を使えるようになったほうがいい**。私が上場企業の経営に携わっているのも、みんなが喜ぶことのために個人ではなかなかやりたくてもできないことが、上場企業の力を使えば可能になることがあるからです。

自分のためだけにお金を使うのも、それはそれで喜びはあると思います。けれど、たいていのものは何にどう使ったかを忘れてしまっている。けれどもみんなのために使ったものは、みんなの喜ぶ顔と共にずっと覚えているものです。

どちらがいいかは個人の価値観ですが、みんなのためのほうが、そこから得られるものも、そこからの広がりも大きいように思います。

私自身は、若い頃からあまり財布の中身も考えず（決してお勧めはできませんが）みんなで楽しむことのために使ってきました。そのことで失敗したなぁと思ったこともなくはないですが、もしそういう感覚でお金を使っていなければ今までの楽しい体験の数々はなかった。

そうすると、今の自分があるのは、そうしたさまざまな体験とは切っても切り離せないわけですから、生きたお金の使い方だったことになります。

皆さんにお勧めするとすれば、ゲームのように時間が経過すれば消えてしまうものより、ずっと体験として残るものにお金を使うこと。**時間や体験を買うためにお金を使ったほうが後悔は少ない**と思います。

また「お金の感覚を磨く」という点では、財布が汚い状態よりはきれいな状態のほうがいいでしょう。レシートやポイントカードで財布がいつも膨らんでいるのでは、どんなふうにお金を使っているかの意識も希薄になり、お金の感覚を磨けないように思います。

私も実践していますが財布は毎日クリーンアップしましょう。お金を大事にすることは、自分以外のいろんなものを大事にすることにもなり、ひいては人を大事にすることにもつながるでしょう。

47 小さなことより大きなことを考える

自分よりも上の人の名前で仕事をする

どんな小さなことでも気になることがあると、そこから先に進めなくなります。靴の中に小石があると全力疾走できないのです。

とくに取引先や上司から言われたことで気になることがあると、ずっと気になって他のやるべきことができなくなる。それならば**相対的には小さなことでも、気になることを先に片づけたほうがいい**でしょう。

小さなことが気になるというものでは、こういうこともあるかもしれません。

若くして評価されるようになると、上の人から仕事の資料づくりを頼まれることも増えます。自分が使うわけではない資料なのに、その資料が自分とは離れたところで評価されたりすると、なんだか手柄を取られたような気持ちになるのです。

けれども、大きい目で見ればそうではありません。上の人がするのと同じ仕事のチャンスが与えられたと思ったほうがいい。それだけの実力がついてきたともいえます。

かつて社長の文章を私が書くことがありました。経済誌に載せる論文を私が書き、社長の名前で誌面に載ったのです。

一瞬、これって自分が書いたのに、と誤解しそうになりますが、そもそも一般社員が経済誌に文章を発表できるわけもありません。社長の名前を使って自分の文章が世の中に出るのだと考えると、むしろ嬉しかったのを覚えています。

ここで大事なのは、**自分よりも上の人の名前で仕事ができるようになること**です。打算的なことではなく、上の人の名前で仕事ができたという経験そのものがあなたの財産。これはよくよく考えるとすごいことですよ。

ですからやるときには、その人になりきってやってみることをお勧めします。頼まれたから仕方なくではなく、自分がその立場になったとしたらどういうことを考えないといけないかという視点を持ってやってみる。

そうすると、いろいろなことに気付くと思います。自分のためだけの仕事の場合なら考えなくてもよかったことを考えないといけないかもしれません。相反する問題に対して、何らかの道筋をつける必要も出てくるでしょう。

そこで**自分がその立場になったとして、自分なりの考え方を盛り込んでみる。**もし、そこで間違っていても上の人に修正してもらうことが学びの機会になります。

そうやって上の人の仕事をやっていくうちに、いつしか本当にあなたの名前で仕事を頼まれるときが来るのです。

48 50人の仲間を持つ

一緒に濃い時間を過ごす

いざ！　というときに相談したらいつでも力を貸してくれる存在がどれだけいるか。日常的につきあう関係ではなく、会わない時間があったとしても何か本気で相談したいときにつながれる人を持っておくことはとても大事です。

基本は自分が大事にしたい人を大事にすること。そうすれば相手からも大事にされる。入社1年目の新人のころからそれをやっていけば社会人人生で相当な「人の財産」ができるはず。少なくとも50人は本気で力を貸したり貸してもらえたりする仲間ができます。

人の財産をつくるには、自分から働きかけること。待っていても関係はできません。年賀状や暑中見舞いといった昔からあるコミュニケーションも有効です。むしろ、今の若い人が手書きのメッセージをつけてハガキを出せば、それだけでも「自分のことを大事に思ってくれているんだな」というのが伝わります。

そのうえで、**1年に1回でも濃いつきあいをする時間を共有する。一緒にどんな時間を過ごしたかというのはずっと生きていて風化しない**のです。なぜなら、その時間はその相手のために使っている時間だからです。

私が在オランダ日本国大使館に勤務していたのは24歳から27歳のとき。その後、マーサー時代の43歳のときに、たまたまロンドンで仕事がありました。特別に用事もなかったのですが、先にアムステルダム経由でハーグまで電車に乗って大使館を訪ねたことがあります。

自分としては20年近く前に卒業した〝母校〟を訪ねるような感覚。そっと守衛室を覗くと、そこには私が当時みんなと一緒に休憩時間にバレーボールをして楽しんだ写真が飾られていました。

懐かしい！　と思っていると、中から現地職員のみんなが次々出てきて「レイジ！」と呼んでくれるのです。どの顔も歳を取っている。でもその笑顔は昔のまま。20年の時間が一気に縮まるのを感じました。

まさか、そんなふうに歓待されるとは思ってもいません。何も期待せず外から母校を眺めるぐらいのつもりだったのが、ちょっとした同窓会です。それぐらいその当時、一所懸命一緒になっていろんな物事に対処した時間は濃かったということ。

こうしたことは仕事をしていて本当によかったと思う瞬間の一つです。無心にやっていたことがあとになって思わぬプレゼントとして返ってくることもあるのです。

49 先のことばかり心配しすぎない

先のことを考えるより今すぐやる

どんな仕事も、どれだけデータを集めて分析しても「やってみなければわからない」というものがあります。

賢い人にありがちなのが、先を読もうとしすぎて動けなくなるケースです。ところが物事を進めるときに、何度も細かく確認を求める人がいるのです。「これはこうですよね」「この場合はこうなりますがいいですね」と。その心理としては、結果が出なかったときに「私は確認しましたよね」と自分への保険をかけたいのでしょう。

その気持ちもわからないではない。ですが、そんなことに心をくだくよりも、今やろうとしていることを成功させることに全力を注いだほうがいい。仮に、うまくいかなかったとしても、その人にすべての責任を負わせるわけでもないのです。

むしろ若いうちに、いろんなうまくいかない経験をして、そこから学べるほうがよほど自分のためになります。キャリアを重ねてからの失敗はダメージが大きいですが、新人時代の失敗は早ければ早いほど得るものがあります。

とにかく、**すぐにやる習慣は何事でも重要。先のことを考えてためてしまうのはよくありません。**あとになれば忘れてしまったり、時間がなくなって焦ってやったりするしかなくなります。それでは余計にうまくいかないもの。

私が大学生のときに演劇の台本も書いていたのですが、自分の劇団だけでなく他の劇団のものも頼まれて書いていました。ホテルに就職が決まっても約束した台本があり、勤務後に他のホテルで缶詰めになって書くという、よくわからないこともやっていました。そのときの苦い思い出です。ためて待たせれば待たせるだけ相手の期待値が上がり、変なものをだせなくなります。こんなに待たされているのだから、きっといいものが上がってくるのだろうと相手は思います。ところがこっちは疲労困憊でやっているので、できた台本もやっつけ感が否めません。「こんなに待たされたのに、これですか？」となるのです。

クレーム対応もそうですが時間をかけて自分で調べてからと先延ばしにしても、たいていポイントを外していたりするもの。むしろポイントはつかめなくてもまず「謝る」「一度かたちにする」といった初動を早くしたほうが結果的にはいいのです。

50

上司をマーケティングする

自分から上司と積極的につきあう

あなたが役に立つ存在として認められ、仕事を生み出せるようになるということは、一部でも上司や先輩の代わりができるということ。

仕事の流儀を身につければ、絶対に誰でもそこに到達します。そのときに重要なのはやはり「ゴールを共有する」こと。そのために距離を取りすぎずにキャッチボールを何回もやることです。

上司があまりに忙しくて、そんな時間を取ってもらえない、上司がそもそもつかまらないというときはどうするか。上司が忙しいのだから仕方ないと考えずに、上司のマーケティングをするのです。

上司はどんなことを求めていて、何が足りないと感じているのか。そのために必要なのはこれだろう。そういうあたりをつけて、こちらから上司をつかまえます。

これは顧客に対するマーケティングと同じ。ただ待っていても仕方ありません。顧客のいるところにこちらから出向いて情報収集したりインタビューしたりするように、上司のもとに出向いていろんな確認を直接してみます。

別に上司の邪魔をしようというわけではなく、よいアウトプットをするためなのですから本質的にはＯＫしてもらえるでしょう。

私が、そうしたやり方を覚えたのは大使館時代。大使や公使は分刻みのスケジュールが入っていて、なかなかつかまりません。そのときに、大使や公使が移動する車に一緒に乗って移動時間に情報共有や確認を取っていた書記官がいたのです。

これはいいなと思って私も真似をしました。よほどの要人と一緒でなければ失礼でもなんでもありません。仕事をうまく進ませるためにやっていることなのですから。

のちのＣＣＣ時代には、今度は逆に私のほうが移動中に打ち合わせをメンバーからしてもらっていました。極端な場合には、エレベーターで24階から34階に移動するほんの数分で報告を受けて指示を出すというような具合です。

同じことを真似してくださいというのではなく、大事なことはそんなふうに上司をマーケティングして「こんなふうにやってみました」というのをくり返しているうちに、自分のやり方が固まってくることです。

厳しい上司であっても、逃げたりあきらめたりせずに自分から付き合っていきましょう。

京王プラザホテル時代には、私も苦手なかなりコワモテで厳しい上司がいました。当時の私の仕事は宴会場サービスですからお客様が食事をしている時間が自分たちの仕事。宴会が重なるときには間隙をぬって食事に行くのですが、それすら難しいときもあるのです。

それでも、比較的やさしい上司に恵まれた同僚たちは「今のうちに行ってこい」

と言ってもらえるのに、私の上司だけは言ってくれない。食事に行きたいときに限って姿が消える。

さすがに限界なので、あるとき目を盗んで従業員食堂にダッシュして、文字通りかき込むように食事して戻ったのです。

すると、そんなときに限っていつもは姿を消すはずの上司がいる。「何やってるんだ！　誰が食事に行っていいと言った！」と叱られるのですが、こっちも限界でしたので言い合いになりました。しかし冷静に考えれば上司とケンカしてもいいことはないのです。

それからは逆に、自分のほうからその上司になんでもなくても接触するようにしました。すると、徐々に、上司のほうからもいろいろ話をしてくれるようになり、食事も普通に行けるようになったのです。

このとき学んだのは、どんな人でも逃げてはいけないのだなということ。

とくに入社1年目の新人は、**相手の懐に飛び込んで行って距離感がうまくつかめ**

ずに失敗しても「すみません！」で許される特権があります。何もわかっていない新人をいつまでも責める上司や先輩がいたら、逆にその人が低く見られるのですから、あまり考えすぎずに飛び込んでみる。

その積み重ねが皆さんを確実に成長させるのです。

51
「嫌いなこと」をする覚悟

覚悟とは何を指すか

最近、「覚悟」という言葉の意味をよく考えます。

とある企業の次世代リーダー（幹部候補）選抜のときのエピソードです。同僚のアメリカ人のコンサルタントが選抜候補者に自分を「スキル（技術）」「ナレッジ（知識）」「アビリティ（能力）」にわけて棚卸しをさせていました。

そうすると、興味はあるけれどスキル不足でやれないことや、やりたいけれどまだ達成できるレベルに満たないことなど、さまざまなことが可視化されてきます。

それぞれに優秀で次世代リーダーとなるために真剣に自分の棚卸しに取り組んでいるのですが、何かが足りない。それは何だろうとずっと考えていて「覚悟」なのではないかと思い当たったのです。

次世代リーダーとなるための覚悟。それをアメリカ人コンサルタントに伝えるのに「覚悟」という言葉の的確な英語がないのです。

英語では「resolution（決心）」や「readiness（用意が整っている）」「devote（身を捧げる）」という言葉はありますが、どれも日本語でいう「覚悟」には当てはまらない気がします。

日本語で私たちが「覚悟ができている」と言うときには、**新たなことを始めると同時に、そこで起こるかもしれない「さまざまな悪いことも引き受ける」**という意味合いが含まれます。

リーダーになるというのは、自分だけでない、いろいろな人たちの人生と関わること。育った環境も持っている能力や志向性も価値観も自分とまったく異なる人たちを、ちゃんと見なければならない。

自分の思ったようには動かないことを引き受ける「覚悟」が必要です。

リーダーの決断がときには、一人の人生を動かすかもしれません。それも、その人が望んでいたものとは違う方向に。

選択と集中を行う中で、ある人の意見や考えは捨てることになるかもしれません。

そういった場合のケアも引き受けられるかどうか。

ひと言でいえば、みんながやりたがらない「嫌なこと」をする覚悟があるかということです。

自分がやりたいこと、自分にとっていいことをする覚悟はそんなに難しいものではないでしょう。ですが、仕事をして上に行くにしたがって、自分がやりたいことではない方向に進む覚悟もしなければならないときがあります。

本書は、入社1年目のこれからの人、そうした人を支える人のために書いたものです。ですから、まだ直接そういった「覚悟」には遠いと思う人のほうが多いかもしれません。けれども、そういったリーダーと関わることはあるはずです。

そのときに、ただリーダーの指示で動くだけではなく、この人はどんな想いでこの決断をしたのだろう、この背景にはどんな厳しさがあるのだろうと想像する「視座の高さ」は持ってほしいと思います。

これから、**どこでどんな仕事を誰とやっていくにせよ、正論だけで仕事はできません。正論で人を論破はできても、人の気持ちは動かせない。**

決まったことだからやってほしい、とお願いしても、本当にその目的やゴールを納得できなければ仕事に気持ちは入りません。

気持ちの入っていない仕事はかたちだけ。それではいい結果は出ないのです。

ここに「人の気持ち」を理解できる視座の高さを持ちあわせていれば、正論だけで行き詰ることなく、一緒に困難を乗り越えていくことができます。

本書の中では、ちょっとハードルが高いと思われるようなものもあったと思うのですが、すべては高い視座を獲得するためのバネになるものです。

仕事の流儀が固まって、高い視座を持てるようになると、40代でトップマネジメントチームに入ることもできます。日本ではまだ少数派かもしれませんが世界に目を向ければトップマネジメントチームは40～50代が当たり前。日本企業とは10年ほどタイムラグがあります。

そうなると30代では部長クラス、20代後半で課長クラスになっている必要がある。必然的に3年目にはキープレーヤーになっていなければなりません。

こう考えていくと、入社1年目の新人時代から仕事の流儀を固めるために動き出しても決して早くはない。覚悟の部分は、ここで読んで忘れても構いません。皆さんが、覚悟が求められるポジションになったとき、こんなことが書いてあったと思い出してもらえればいいと思います。

おわりに

この本を書くにあたって意識したのは「**大企業に入社して、自分を見失いそうになっている人**」「**中小企業に入社して、これでいいのか？　と自問している人**」です。そういう人がたくさんいるからです。

就活で勝ち残り、著名な大企業に入ったが想像していたようなダイナミックな雰囲気ではない。先輩社員、課長が疲弊している。このままここで働き続けていいか？　こんな悩みを持つ方はこんなふうに考えてみてください。

大企業という器には気を付けないと〝優秀な若者〟をスポイルする要素があります。

大企業であればあるほど、仕組みが整備され、役割分担がはっきりしていますので、一人ひとりが考えなくても物事が進んでいきます。また、超効率的に仕事をしてもメリットがなく、むしろヒマだと思われて仕事が増えたりするので、自分の生産性を高めようというインセンティブが働きません。全力で仕事をしなくとも日々は過ぎていきます。全力を出さないでいると出せなくなります。また、階層が多いことから人の調整が多くなります。この結果、多くの人が妥協することが優先され、現状追認が多くなり、次から次へと振り返る時間も持たずに終わってしまうことも少なくない。新しいことは波風を立てることから好まれません。それよりも決まったことを着実にかつ、生産性を高めて実行したほうが評価は高くなります。

そうです。評価。

これが会社の中で生きていくために最も大事な要素になります。これが周囲の目を意識して動くしがらみになります。

この環境に甘んじていきますと本来出せるはずの力が開花しなくなります。それは残念です。

しかしながら、**環境に甘んじることなく、意識的に自分を高めていけば大企業であっても機会は必ず訪れます。しかも、大きな資源、大きなネットワークを活用した社会に大きな影響を与える仕事に就くことができるでしょう。**環境に甘んじることなく、仕事の流儀を意識して磨いて欲しい。

一方で中小企業に勤めた人は毎日が激流のはずです。多少の導入研修はあったでしょうが、基本はＯＪＴ（On the Job Training）という名の「やりながら覚えろ」「自分でなんとかしろ」です。

このやり方は学生時代とは違います。毎日もがき、苦しみ、時には社内外の人から叱責され、苦しい日々です。しかしこの環境下にいると絶対に実力はつきます。

就活時点で大企業に採用される若者と採用されない若者には実力差があります。大企業に採用される若者のほうが〝優秀〟でしょう。しかし、大企業に採用されなかった（落ちた）若者がベンチャー、中小、外資系に行き、七転八倒しながら仕事をして3年過ごす頃にはそんな差はあっという間になくなっていることでしょう。大企業の恵まれた環境の中で同じ年月を過ごした人間を大いに圧倒する仕事力を身に付けます。つまり**20代で自ら考え、結果を出す型ができる。**大企業では一部の優秀な人材のみが昇進していくシステムですから明らかに差が出てしまいます。私が主催する「柴田塾」という次世代のリーダーを育成するセミナーがあります。そこに参加してくれる大企業と中小、ベンチャー、外資系企業の30代の幹部候補社員を見るに明らかです。

ただし、中小、ベンチャー、外資系企業の幹部候補社員はバランスが悪い。何かが欠けていることが多いです。これは模範とすべきモデルがない中で自らを高めているので致し方ありません。その点では大企業ですとシステムや前任のやっていた最適なやり方などバランスよく学べるというメリットがあるといえるでしょう。会社の規模によってメリットとデメリットがあるということです。

どこに就職するか、ということはとても重要なことです。しかし、当然ながら**そ**

のあとの過ごし方もとても重要。そのために俯瞰的に自分を見つめ、意図的に自分を高めるための、若者にとっての道しるべとなれば、と思いました。

今回の『入社1年目からの仕事の流儀』をまとめるにあたって、実際に社会人として1年過ぎた人たちが何に悩んでいるのかを肌で触れようと思い、入社2年目の人限定のトークライブを開催しました。集まってくれたのは大企業からベンチャー、外資まで。想像していた通りの「悩み」がありましたし、思っていたよりも上の人の動向を気にして、行動できていないこともわかりました。

トークライブの席上、続きを聞きたい人は直接、柴田まで連絡を、と申し上げたところ、2名の方がすぐに連絡してくれました。嬉しい反応です。すぐに調整しました。場所は東麻布のレストラン。社会人2年目にはちょっと格式が高いレストランです。やろうと思ったらすぐに反応する、そうすると良いことがある。その実例にしたかったので、時間をおいて連絡があった人たちにはメールを返信して終わりにしました。すぐに動くのがポイントですよ（笑）。

この本は『入社1年目からの仕事の流儀』としていますので、一義的には社会人になる前に読んでいただく、または入社1年目に読んでいただくのが良いのですが、2年目、3年目の方が自分の社会人として過ごした時間を振り返りながら読んでいただくのでもお役にたてると思います。10年以上のベテランの方、指導的な立場にいる方々にも読んでいただいてもお役にたてるように思います。

この本の企画をもってきてくれた大和書房の長谷川勝也さんは入社4年目の若手の編集者です。

実は今年は執筆しないつもりでした。現在、複数の会社の経営にあたっていることから執筆の時間を確保するのが難しいからです。これまでお付き合いのある出版社さんたちからの執筆のご依頼はお断りしてきました。長谷川さんからご連絡をいただいたときもお断りするつもりでした。ところが、企画を説明する長谷川さんの純粋な想いと熱意から、1時間後には「やりましょう」と答えてしまいました。後から秘書の佐々木さんに「大丈夫ですか?」と心配されたくらいです。

ふみぐら社の弓手さんには構成面で大変お世話になりました。弓手さんとは『優秀なプレーヤーは、なぜ優秀なマネージャーになれないのか?』(クロスメディア・パブリッシング)に引き続きのコンビです。前回同様満足のいく仕上がりになりました。

いつもながら、サポートしてくれた秘書の佐々木一美さん、「入社2年目限定のキャリアトーク」のイベントにご協力いただいたスルガ銀行 d-labo ミッドタウンの皆様にも感謝致します。

この本が多くの若者の道しるべとなることを祈念して。

2016年8月　富山にて

[著者略歴]

柴田励司（しばた・れいじ）

1962年、東京都生まれ。上智大学文学部英文学科卒業後、京王プラザホテルに入社。在オランダ大使館勤務を経て、京王プラザホテルで人事改革に取り組む。その後、組織人材コンサルティング会社のマーサー・ヒューマン・リソース・コンサルティング（のちのマーサー・ジャパン）に移り、2000年に日本法人社長に就任。その後、キャドセンター社長、カルチュア・コンビニエンス・クラブCOO、デジタルスケープ（のちのイマジカデジタルスケープ）会長、デジタルハリウッド社長等を歴任。2010年7月より「働く時間」「学ぶ時間」をかけがえのないものにしたいという思いのもと、経営コンサルティング事業と人材育成事業を柱とする株式会社Indigo Blueを本格稼働。代表取締役社長に就任。現在、会長を務める。2014年7月にはパス株式会社代表取締役CEOに就任。他に株式会社マードゥレクス代表取締役会長、株式会社ジヴァスタジオ代表取締役会長などを兼務する。著書に『優秀なプレーヤーは、なぜ優秀なマネージャーになれないのか』（クロスメディア・パブリッシング）、『社長の覚悟』（ダイヤモンド社）などがある。

入社《にゅうしゃ》1年《ねん》目《め》からの仕事《しごと》の流儀《りゅうぎ》

2016年10月1日　第1刷発行

著者　柴田励司《しばたれいじ》

発行者　佐藤　靖

発行所　大和《だいわ》書房
東京都文京区関口1-33-4
☎ 03-3203-4511

ブックデザイン　轡田昭彦＋坪井朋子
校正　円水社
印刷所　信毎書籍印刷
製本所　ナショナル製本

ISBN978-4-479-79542-1

http://www.daiwashobo.co.jp/